RÉCIT

DES

JOURNÉES DES 5 ET 6 OCTOBRE 1789

A VERSAILLES

SUIVI DE

LOUIS XVI

ET LE SERRURIER GAMAIN

PAR

J.-A. LE ROI

CONSERVATEUR DE LA BIBLIOTHÈQUE DE LA VILLE DE VERSAILLES,

Correspondant

du Ministère de l'Instruction publique pour les travaux historiques.

VERSAILLES

IMPRIMERIE DE E. AUBERT

6, avenue de Sceaux.

1867

EXPLICATION DES PLANCHES

Ville. — Pl. 1.

1. Barrière de l'avenue de Paris.
2. Hôtel de Monsieur, frère du roi.
3. Hôtel des Menus-Plaisirs du roi.
4. Salle de l'Assemblée nationale.
5. Le Chenil.
6. Hôtel du Grand-Veneur.
7. Cour du Chenil.
8. Hôtel du Grand-Maître.
9. Passage se rendant à l'avenue de Sceaux.
10. Petites écuries du roi.
11. Grandes écuries du roi.
12. Grand manége.
13. Terrasse de la place d'Armes.
14. Caserne des gardes-françaises.
15. Corps de garde des gardes-françaises.
16. Corps de garde des gardes-suisses.
17. Hôtel des gardes-du-corps du roi.
18. Hôtel de Charrost.
19. Hôtel du garde-meuble du roi.
20. Hôtel de Noailles.
21. Ecuries de la reine.
22. Hôtel des Fermes.
23. Eglise de Notre-Dame.
24. Eglise de Saint-Louis.
25. Eglise et couvent des Récollets.
26. Ministère de la Guerre.
27. Grand-Commun.

Château (extérieur). — Pl. 1.

1. Cour des Princes.
2. Entrée du grand corridor.
3. Porte du grand escalier des Princes.
4. Aile Gabriel.
5. Colonnade, pl. 1 et pl. 3.
6. Voûte de gauche, pl. 1 et pl. 3.
7. Voûte de droite, pl. 1 et pl. 3.
8. Entrée de l'escalier de Marbre, pl. 1 et pl. 3.

Château (intérieur). — Pl. 2 et 3.

1. Porte de la salle des gardes de la reine.
2. Porte de la grande salle (salle du Sacre).
3. Porte communiquant à la salle des cent-suisses.
4. Porte de la salle des gardes de la reine.
5. Porte au pied du lit de la reine,
6. Passage allant à l'Œil-de-Bœuf.
7. Petit escalier descendant dans un passage de l'entresol communiquant à l'appartement du roi.

Passage du roi, pl. 3.

RÉCIT DES JOURNÉES

DES

5 ET 6 OCTOBRE 1789

A VERSAILLES

On a beaucoup parlé des journées des 5 et 6 octobre 1789, mais en général les historiens de la Révolution ont présenté les épisodes de ces deux journées plutôt au point de vue de leurs opinions politiqnes que comme ils se sont passés réellement. Les uns ont exagéré à plaisir les actes déjà si coupables qui s'y sont accomplis, en les attribuant à un complot dont on ne trouve pas de traces dans l'enquête minutieuse qui fut ordonnée à cette époque; les autres, cherchant à les faire retomber sur le parti vaincu, ont accusé ce parti d'avoir le premier commencé la lutte, et ont passé légèrement sur les crimes commis, et tous se sont éloignés de la vérité.

Occupé constamment de tout ce qui regarde l'histoire de Versailles, j'ai étudié avec attention tous les documents qui ont rapport à ces deux journées si fatales à notre ville. Je n'ai pas la prétention, dans le tableau que je vais en donner, de faire de l'histoire générale; je veux seulement présenter les faits comme ils se sont succédé dans notre ville, en les prenant comme je les trouve, sans idées préconçues, sans esprit de parti; en un mot, c'est moins un travail d'historien que j'ai la prétention de faire que celui d'un simple historiographe.

I

Le 5 mai 1789, le roi Louis XVI réunit à Versailles les États généraux. Dès les premières séances, de graves conflits s'élevèrent entre les députés du Tiers-État et ceux des ordres privilégiés. Le Tiers, fort de l'immense appui qu'il trouvait dans la grande majorité de la nation, parla en maître et fit céder peu à peu les résistances que lui opposaient la noblesse et le clergé. La France assistait attentive à ce spectacle nouveau pour elle, et chacune des luttes de l'Assemblée avait son retentissement dans tous les points du royaume ; mais c'était surtout dans la capitale que se faisaient ressentir les moindres mouvements de la lutte terrible qui commençait entre le peuple et la royauté. Les électeurs de Paris n'avaient pas voulu se séparer après la nomination des députés, et, ne pouvant plus se réunir dans leurs districts, ils s'assemblaient à l'Hôtel-de-Ville et correspondaient de là avec leurs députés. Partout on se réunissait pour connaître les événements du jour. Le lieu le plus fréquenté était le jardin du Palais-Royal. Là, des orateurs improvisés parlaient à la multitude, discutaient les actes du gouvernement, et excitaient le peuple par les discours les plus violents.

L'état de trouble de Paris situé si près de Versailles, la prépondérance que le Tiers-État avait prise dans l'assemblée, avaient effrayé la cour, et l'on était résolu à quelque coup d'État. De nombreuses troupes avaient été réunies autour de Paris; l'on parlait de l'éloignement de l'Assemblée nationale et même de sa dissolution. Le 11 juillet, Necker est renvoyé et tout le ministère est remplacé par des ministres connus par leur opposition à la cause populaire. Le lendemain, Paris est en insurrection, et le 14, la Bastille, cette forteresse redoutable dont le nom fut pendant si longtemps le synonyme de tyrannie, tombe en quelques heures sous les coups du peuple.

Cette victoire des Parisiens frappa la cour d'épouvante ; et tandis que Necker et les anciens ministres sont rappelés, le comte d'Artois et sa famille, ainsi que plusieurs membres de la haute noblesse s'éloignent de France et donnent le premier signal de l'émigration.

Au moment de l'insurrection, les gardes-françaises s'étaient réunis au peuple (1). Lorsque, le lendemain, la

(1) Des gardes-françaises avaient été envoyés par le duc du Chastelet, pour délits disciplinaires, aux prisons de l'Abbaye, et allaient être transférés à Bicêtre. Le 30 juin, une multitude armée, usurpant les droits du pouvoir exécutif, s'était portée à l'Abbaye, en avait forcé les portes, et avait enlevé les prisonniers pour les conduire au Palais-Royal, sous la sauve-garde du peuple. Une députation d'une vingtaine d'individus sans caractère public, alléguant le patriotisme des gardes incarcérés, était venue demander leur grâce à l'Assemblée. Celle-ci, placée entre le double danger de favoriser l'insubordination et d'encourager le peuple aux usurpations de pouvoir, et cet autre danger de prêter la main à un despotisme punissant comme délits des actes de patriotisme, au moment où la liberté commençait à naître, délibéra. Elle se décida, pour ne pas empiéter sur l'autorité royale, à en référer au souverain lui-même, et à recommander à sa bonté les gardes délivrés. L'archevêque de Paris fut chargé de porter au roi l'arrêté de l'Assemblée touchant l'incident.

FEUILLET DE CONCHES. — *Lettres de Louis XVI et de Marie-Antoinette.*

municipalité de Paris organisa la milice bourgeoise sous le nom de garde nationale, on y fit entrer les gardes-françaises que l'on solda, et Lafayette en fut nommé commandant général.

La cocarde de cette milice fut d'abord bleue et rouge, couleurs de la ville de Paris, puis, après le voyage de Louis XVI à Paris et sa réconciliation, on y ajouta la couleur blanche, qui était celle du roi, et on l'appela cocarde nationale.

Le prévôt de Paris, Flesselles, ayant été mis à mort par le peuple, la municipalité nomma Bailly pour le remplacer sous le titre de maire.

Pendant ce temps, l'Assemblée nationale continuait ses travaux. Dans la fameuse nuit du 4 août, elle avait aboli tous les droits féodaux. Puis elle s'occupa de la déclaration des droits de l'homme, et commença cette longue discussion sur le veto absolu et sur le veto suspensif.

Toutes ces discussions agitaient le peuple. Partout on discutait comme à l'Assemblée, et, suivant leurs diverses opinions, les députés recevaient des menaces de l'un ou de l'autre parti. D'autres causes d'agitation s'ajoutèrent bientôt à celles-ci.

La cour, après la journée du 14 juillet, avait renoncé à agir de force sur Paris et sur l'Assemblée. Un autre projet avait succédé, dit-on, au premier. On voulait faire partir le roi de Versailles et l'emmener dans une citadelle, à Metz, là où, entouré de troupes, il aurait pu dicter ses volontés. Ce projet, vrai ou supposé, souleva les esprits.

Les motions les plus incendiaires se succédaient au Palais-Royal. Plusieurs fois on avait parlé de marcher sur Versailles. On disait que tous les projets des ennemis de la révolution s'évanouiraient bientôt si le roi et l'Assemblée étaient à Paris, et le cri : à Versailles, à

Versailles! ne cessait de retentir de tous côtés dans la capitale.

La garde nationale, la seule force alors de Paris, ne tarda pas à suivre ce mouvement. Les gardes-françaises, qui formaient la garde soldée, manifestèrent plusieurs fois à Lafayette le désir qu'ils avaient d'aller à Versailles reprendre les postes occupés par eux autrefois auprès du roi, et le général eut beaucoup de peine à empêcher cette démarche qui pouvait entraîner à sa suite toute la population parisienne.

Les mauvaises récoltes des années précédentes, l'agitation de toute la France qui empêchait l'arrivée régulière des convois d'approvisionnement, avaient rendu dans Paris le pain rare et cher. On répandait le bruit que les farines destinées à Paris étaient dirigées sur Versailles.

Ainsi les politiques, la force armée et le peuple se réunissaient dans un cri unanime : à Versailles, à Versailles!

Tel était l'état des esprits dans la capitale lorsqu'arrivèrent les journées des 5 et 6 octobre.

Mais, avant de décrire ces néfastes journées, il faut jeter un coup d'œil sur le lieu de la scène.

La ville de Versailles était alors très populeuse. Suivant les registres de la mairie, elle avait à cette époque 70,000 habitants fixes. Si l'on ajoute à ce chiffre toutes les personnes qui habitaient le Château et ses dépendances, et les nombreux étrangers attirés dans cette ville par la présence de l'Assemblée nationale, on peut évaluer sa population, en 1789, à plus de 80,000 habitants.

Versailles était alors divisé en deux quartiers : Notre-Dame, dont Montreuil formait une annexe, et Saint-Louis.

Ces deux quartiers étaient non-seulement séparés l'un de l'autre par la difficulté des communications, mais ils étaient encore plus séparés par leurs opinions.

Le séjour de la cour, l'augmentation rapide de la population, avaient attiré à Versailles un grand nombre de commerçants qui, presque tous, étaient domiciliés dans le quartier Notre-Dame. De plus, le marché qui s'y tenait presque tous les jours et le Poids, ou halle à la farine, y faisaient séjourner beaucoup de menu peuple. Aussi dans ce quartier les opinions étaient-elles très avancées, et les vives discussions de l'Assemblée, ainsi que les mouvements de Paris, avaient un grand retentissement. On l'appelait alors, et il s'était donné le nom de quartier des patriotes.

Louis XVI aimait beaucoup Versailles, et, ainsi qu'on le voit par divers rapports que lui adressait M. d'Angevillers, directeur des bâtiments, il avait l'intention d'y placer le siége du gouvernement. Déjà on y avait établi le ministère de la guerre, celui de la marine et celui des affaires étrangères, ainsi que le contrôle général des finances. Ces établissements étaient placés dans le quar-Saint-Louis, et les employés de ces ministères, ainsi que presque tous ceux qui avaient quelques places à la cour, logeaient dans ce quartier. Quoique la plupart d'entre eux fussent partisans du grand mouvement social qui s'opérait, leurs opinions étaient plus modérées, et, à cause de cela même, les exaltés de l'autre quartier les regardaient comme des partisans des abus que l'on voulait détruire, et nommaient ce quartier le quartier des aristocrates.

Peu de jours après la formation de la garde nationale de Paris, les habitants de Versailles demandèrent aussi à établir une milice nationale. Huit bataillons furent formés : quatre dans le quartier Notre-Dame et quatre dans le quartier Saint-Louis. On choisit pour commandant général le comte d'Estaing, que ses victoires navales sur les Anglais avaient rendu populaire; pour commandant en second, le comte de Gouvernet; Berthier le fils, depuis prince de Wagram, pour major général; Le Roy, pour lieutenant-colonel du quartier Saint-Louis, et Lecointre, pour lieutenant-colonel du quartier Notre-Dame.

Lecointre, que la garde nationale du quartier Notre-Dame venait de placer à sa tête, était l'un des plus fougueux révolutionnaires de Versailles. Il était ami de Marat, qu'il avait connu pendant que celui-ci était médecin des écuries du comte d'Artois. Il était en rapport avec les exaltés de Paris, et l'on sait le rôle qu'il joua plus tard à la Convention dans les rangs des députés de la Montagne (1).

(1) LETTRE DE Mme ÉLISABETH A Mme DE BOMBELLE, SUR LECOINTRE.

19 *janvier* 1790.

Versailles n'est pas tranquille : il y a une animosité affreuse entre les deux quartiers. Celui de Notre-Dame, qui est le plus mauvais, va élire un homme affreux pour maire de la ville (*a*). Si on lui rendait justice, il serait pendu ; il y a contre lui des preuves assez fortes pour le faire exécuter. Voilà les monstres qui ont toujours l'avantage sur les bonnes et honnêtes gens ; mais dès qu'ils sont portés pour quelque place, on leur applique ce vieux mot d'*aristocrate*, et, pour lors, le peuple et même beaucoup de gens bien pensants leur refusent leur voix. A Versailles, le quartier Saint-Louis voulait nommer M. de Lille à la mairie ; mais on lui a donné ce surnom odieux, et pour lors on lui préférera un monstre. M. Berthier le fils, qui est commandant de la milice sous M. de la Fayette, se conduit à merveille ; eh bien ! l'on a déjà voulu le pendre plus d'une fois. Cependant il faut rendre justice au peuple de Versailles pour le train de mardi ; il y en avait très peu de la ville ; c'étaient presque tout ce que nous appelons bandits, que l'on ne connaît nulle part, et qui tombent tout d'un coup dans un endroit sans qu'on les ait vus arriver. Si ce n'étaient pas de si grands monstres, on croirait que c'est des saints, car cela tient beaucoup du miracle, mais on ne peut pas s'y méprendre.

(*Ouvrage cité.*)

(*a*) Lecointre.

Depuis l'insurrection des gardes-françaises et leur incorporation dans la garde nationale de Paris, il n'y avait plus que les suisses qui fissent le service du Château avec les gardes de la prévôté et les gardes-du-corps. La garde nationale de Versailles et les invalides étaient chargés du service de la ville.

Jusqu'en 1787, Versailles était resté sans municipalité. Louis XVI, par un édit de novembre 1787, en créa une et plaça à sa tête l'intendant du garde-meuble, Thierry de Ville-d'Avray. Thierry donna sa démission de maire le 3 août 1789. La municipalité, voulant attendre que la loi municipale, discutée par l'Assemblée nationale, fût votée avant de procéder à la nomination d'un nouveau maire, décida que tous les mois elle nommerait un président qui en ferait les fonctions et qui dirigerait ses délibérations.

Le Château était donc gardé par les suisses et les gardes-du-corps, mais la ville n'avait pour sa défense que la garde nationale. La municipalité demanda quelques troupes. On fit venir deux cents hommes du régiment des chasseurs des trois-évêchés, casernés à Rambouillet.

Le 18 août, la municipalité, sous la présidence de M. Ménard, prit la délibération suivante : 1° les capitaines de la garde nationale rassembleront leurs compagnies à midi sur la place d'Armes ; ils choisiront douze hommes par compagnie avec lesquels ils se rendront à l'entrée de l'avenue de Trianon pour y recevoir le détachement des chasseurs des évêchés, demandés par la ville pour maintenir l'ordre et protéger les convois de vivres conjointemeut avec la garde bourgeoise ; 2° la garde bourgeoise, réunie au détachement des chasseurs, se rendra sur la place d'Armes pour entendre le serment qui sera prêté par le détachement à son arrivée, en présence de la municipalité; 3° le service de la ville sera fait conjointement par la garde bourgeoise et les chasseurs, et tous les détachements et patrouilles seront commandés par les officiers de la garde bourgeoise.

Les chasseurs, accompagnés de la garde nationale, entrèrent en ville, et prêtèrent le serment de fidélité à la nation, à la loi et au roi. Le lendemain, deux cents dragons de Lorraine, demandés aussi par la municipalité, entrèrent en ville avec le même cérémonial.

Quoique ces troupes parussent nécessaires à la municipalité pour la sûreté de la ville, elles furent vues d'un mauvais œil par une partie de la garde nationale. On les avait fait venir, disait-on, par défiance de la garde nationale; on avait des projets cachés, et ces troupes, que l'on faisait entrer peu à peu dans Versailles, n'étaient là que pour protéger le départ du roi. Ces bruits, propagés parmi les exaltés, se répandaient dans Paris, et y entretenaient le désir d'enlever le roi de Versailles et de l'amener à Paris (1).

(1) LETTRE DE Mme ÉLISABETH A Mme DE BOMBELLES, A L'OCCASION DE L'ENTRÉE DES CHASSEURS DE LORRAINE A VERSAILLES.

Versailles, 20 *août* 1789.

La garde bourgeoise de Paris va être bientôt habillée. On dit qu'ils sont enchantés de leurs nouveaux vêtements. Celle de Versailles est encore dans la plus parfaite bigarrure. Ils ont demandé des troupes à cheval, parce qu'ils sont sur les dents de tout le chemin qu'ils ont été obligés de faire pour aller chercher de la farine. Le peuple s'est persuadé qu'au lieu de cent hommes, il y en avait six mille et plus. En conséquence, il n'en voulait point. Si bien que ces malheureux, qui étaient en marche depuis quatre heures du matin, ont été obligés à neuf heures du soir de se retirer au Grand-Trianon, où on leur a apporté de quoi manger. Le lendemain, ils ont été reçus à merveille : la milice bourgeoise et la municipalité ont été les chercher; on les a amenés en triomphe dans la place d'Armes, où on leur a fait prêter le nouveau serment de fidélité à la nation, au roi et à la loi. C'est le premier qui ait été porté en présence des officiers municipaux. Ils sont à présent tous bons amis. (*Ouvrage cité.*)

La cour avait-elle, en effet, le projet de faire partir le roi de Versailles et de le conduire à Metz, comme le bruit en avait couru? La reine connaissait-elle ce projet et l'avait-elle encouragé, comme cela paraît résulter de la lettre qui lui fut écrite à cette époque par le comte d'Estaing? Toujours est-il que ni les ministres, ni le roi n'entraient dans ce complot; et si les courtisans formaient des projets, cherchaient à enrôler du monde, et, se livrant à de vaines espérances, se trahissaient par d'imprudentes menaces (1), rien dans Versailles ne semblait se préparer pour une pareille fuite.

Depuis l'entrée à Versailles des chasseurs et des dragons de Lorraine tout y était assez calme. L'Assemblée nationale continuait ses travaux; elle discutait alors les droits de l'homme et le veto. Il n'y avait pas toujours accord entre le roi et l'Assemblée, et ce désaccord entretenait l'agitation dans Paris. Pendant ce temps, les soldats des gardes-françaises qui faisaient partie de la garde nationale parisienne, voulaient toujours venir à Versailles pour reprendre leur ancien service. Lafayette était parvenu à les en empêcher, mais comme leurs demandes se renouvelaient sans cesse, il craignait de ne pouvoir toujours les retenir. Dans ces circonstances, il écrivit à M. de Saint-Priest, ministre de la maison du roi, la lettre suivante : « Le duc de la Rochefoucault vous aura dit l'idée qu'on avait mise dans la tête des grenadiers d'aller cette nuit à Versailles. Je vous ai mandé de ne pas être inquiet, par ce que je comptais sur leur confiance en moi pour détruire ce projet, et je leur dois la justice de dire qu'ils avaient compté me demander la permission, et que plusieurs croyaient faire une dé-

(1) Thiers, *Histoire de la Révolution.*

marche très simple et qui serait ordonnée par moi. Cette velléité est entièrement détruite par les quatre mots que je leur ai dits, et il ne m'en est resté que l'idée des ressources inépuisables des cabaleurs. Vous ne devez regarder cette circonstance que comme une nouvelle indication de mauvais desseins, mais non en aucune manière comme un danger réel. Envoyez ma lettre à M. de Montmorin. »

Cette lettre effraya beaucoup la cour. On voyait déjà cette milice insubordonnée arriver à Versailles, et l'on ne savait à quels excès elle pourrait se porter contre le roi et l'Assemblée. M. de Saint-Priest fit venir le comte d'Estaing qui avait le commandement de toute la force armée de Versailles, et lui remit la lettre de Lafayette. Il fut convenu que, pour parer à une attaque de Paris, il était nécessaire d'avoir à Versailles des troupes réglées sur lesquelles on pût compter, et l'on choisit le régiment de Flandres, qui jusqu'alors s'était distingué par son excellente discipline.

Un décret de l'Assemblée nationale avait permis aux municipalités de requérir en certains cas l'assistance des troupes réglées, mais ces troupes ne pouvaient entrer dans les villes que sur cette réquisition. Pour faire entrer le régiment de Flandres à Versailles, il fallait donc l'agrément de la municipalité de cette ville, comme on l'avait eu déjà pour les chasseurs et les dragons de Lorraine.

Le comte d'Estaing, qui connaissait l'esprit de la garde nationale de Versailles, qui savait combien elle se méfiait de toutes les troupes réglées, ne voulut rien faire sans la consulter. Il réunit l'état-major chez le major général Berthier, à l'hôtel du ministère de la guerre (1), et lui fit connaître confidentiellement la lettre

(1) Aujourd'hui caserne de la Guerre, rue de la Bibliothèque.

de Lafayette. Il lui peignit ensuite les alarmes du roi, le danger que cette insurrection pouvait faire courir à l'Assemblée nationale et à la famille royale; il ajouta que, pour résister à une pareille attaque, il n'y aurait pas trop d'un régiment d'infanterie réuni aux gardes-du-corps, aux autres troupes du roi et à la garde nationale. De longues discussions suivirent cette proposition. On hésitait, lorsqu'enfin le général, posant directement cette question : Êtes-vous en état de résister à dix-huit cents ou deux mille hommes disciplinés et bien armés? La majorité de l'état-major se rangea à son avis, et il fut décidé que la municipalité serait requise de demander au roi un secours de mille hommes.

Aussitôt le comte d'Estaing, accompagné d'une députation de l'état-major, se rend à la municipalité (1) et lui fait part de la délibération. La réquisition de la garde nationale est acceptée sans difficulté par la municipalité, mais sous la condition que la lettre du général Lafayette sera déposée et annexée à ses registres.

Le comte d'Estaing représente les dangers auxquels la publicité de cette lettre confidentielle pourrait exposer son auteur. Il propose, si la municipalité persiste à vouloir s'assurer d'un titre qui autorise sa délibération, de s'adresser à M. de Saint-Priest, pour en obtenir une lettre qui puisse remplacer celle de Lafayette. M. Clausse, alors président, ayant consenti, on rédige à l'instant le modèle de la lettre ministérielle, et elle est portée au ministre qui l'approuve et la signe. Munie de cette lettre, la municipalité n'hésite plus, et elle consigne cette scène en ces termes dans ses procès-verbaux :

(1) Alors placée dans les bâtiments du garde-meuble, depuis la Préfecture, rue des Réservoirs.

« *Du* 18 *septembre* 1789.

« M. le comte d'Estaing, commandant général de la garde nationale de Versailles, est entré dans la salle d'assemblée accompagné de députés des capitaines de l'état-major de la garde nationale de Versailles ; après avoir pris séance, M. le commandant général a lu la réquisition dont la teneur suit :

« Les députés soussignés, conformément à la délibération de l'assemblée des capitaines et de l'état-major de la garde nationale de Versailles, et d'après la lettre de M. le comte de Saint-Priest, en date de ce jour, annexée en original à la présente réquisition, sont venus à l'effet de déclarer l'insuffisance de leurs forces, attendu les divers avis plus alarmants les uns que les autres qui se succèdent continuellement ; et, après avoir protesté qu'ils ne compteraient pour rien le sacrifice de leur vie, ils ont dû, pour le salut des autres citoyens encore plus que pour le leur, notifier à l'assemblée générale de la municipalité que, d'après la lettre de M. de Saint-Priest, il était indispensable pour la sûreté de la ville, pour celle de l'Assemblée nationale et pour celle du roi, d'avoir le plus promptement possible un secours de mille hommes de troupes réglées, qui seront aux ordres du commandant général de la garde nationale de Versailles. Lesdits députés sont venus en conséquence pour requérir de la manière la plus forte et la plus positive la municipalité de demander au roi ce secours.

« Versailles, le 18 septembre 1789.

« Signé : D'ESTAING, BERTHIER, LECOINTRE,
DUTANNAY, JOUANNE, DEMOI,
DURUP-DE-BALEINE. »

« *Lettre de M. de Saint-Priest à M. le comte d'Estaing. — Annexée.*

« Vous n'ignorez pas, monsieur le comte, que l'on a eu ici, à plusieurs reprises, l'inquiétude que des gens armés ne vinssent de Paris troubler la tranquillité de Versailles. Cette inquiétude s'est renouvelée plus fortement hier, et je désire savoir de vous si la garde bourgeoise peut opposer une résistance suffisante ou s'il vous faut du secours.

« J'ai l'honneur d'être, etc.

« Le comte DE SAINT-PRIEST,
« Ministre de la Maison du Roi.

« L'Assemblée a arrêté :

« Que le salut public exigeait le secours demandé de mille hommes d'infanterie française, lequel corps sera sous les ordres immédiats du commandant général de la ville, et prêtera le serment prescrit par le décret de l'Assemblée nationale du 10 août dernier. »

Lecointre avait signé la délibération de l'état-major, parce que la majorité l'avait emporté, mais c'était lui qui avait fait la plus grande opposition dans le conseil; aussi, de retour au comité militaire, il proposa de ne pas s'en tenir seulement à la décision de l'état-major, mais de faire connaître aux compagnies l'arrivée prochaine du régiment de Flandres, et de demander à ce sujet leur vœu par écrit. Lecointre savait quel était l'esprit des compagnies qu'il commandait, combien, depuis les événements du 14 juillet, on redoutait la présence des troupes réglées, et combien, un mois auparavant, on avait vu avec peine entrer à Versailles les chasseurs et les dragons de Lorraine, et il espérait, par cet appel aux compagnies, obtenir une opposition assez puissante pour empêcher la résolution de l'état-major et de la municipalité.

Aussitôt après la demande de la municipalité, le roi avait donné l'ordre au régiment de Flandres de se rendre à Versailles. Lecointre faisait tous ses efforts pour que les compagnies de la garde nationale pussent se prononcer avant l'arrivée du régiment. Le 21, dix-sept compagnies seulement s'étaient prononcées, neuf pour l'admission et huit contre. Ce résultat, contraire à ses espérances, le contraria ; aussi, sans perdre de temps, il alla lui-même faire réunir les autres compagnies, les stimuler, et le 22, la veille de l'entrée du régiment, grâce à ses efforts, dix-huit se trouvèrent opposantes et sept seulement approuvèrent la demande de la municipalité, en sorte que sur quarante-huit compagnies, vingt-six refusèrent leur adhésion au vœu exprimé par l'état-major, et seize la lui donnèrent.

Le bruit qui se faisait dans la ville à l'occasion de l'arrivée du régiment de Flandres, ces réunions des compagnies de la garde nationale pour délibérer à ce sujet avaient inquiété le Château, et l'on pressait l'entrée du régiment. L'Assemblée nationale elle-même, absorbée en ce moment par les grands intérêts qu'elle débattait, fut aussi quelques instants émue de ce qui se passait dans la ville. Mirabeau demanda des explications sur une opération dont le ministre et la municipalité de Versailles avaient fait mystère à l'Assemblée, et qui regardait la sûreté de la ville et la personne du roi. Les explications furent données et l'Assemblée nationale passa outre à ses travaux.

La protestation des dissidents n'arrêta pas la marche du régiment de Flandres, et, le 23 septembre, il se présentait aux portes de Versailles. Aussitôt le comte d'Estaing réunit les officiers de la garde nationale et se rendit avec eux à la municipalité pour y prendre le président qui précéda ensuite le cortége. On s'arrêta aux Menus-Plaisirs (1), dans les bureaux de l'Assemblée nationale. Là, le comte d'Estaing fait part du désir manifesté par le roi d'avoir la liste des officiers qui iront au-devant du régiment. Il met son nom en tête d'une feuille de papier blanc, invite les officiers à suivre son exemple et à donner au roi cette preuve de leur dévouement et de leur respect. On signe ; mais sur l'observation que donner au roi une liste partielle, ce serait compromettre ceux que l'absence ou l'ignorance de ce qui se passait empêcheraient de signer, le commandant l'arrête, en y ajoutant que tous les officiers l'ont accompagné.

Cet incident terminé, le président de la municipalité, M. Clausse, en tête des membres du corps municipal et entouré d'un détachement de la garde nationale, va recevoir le régiment en dehors de la barrière (2).

La foule était nombreuse pour voir cette entrée. On avait craint quelques démonstrations hostiles, et les gardes-du-corps et les dragons étaient prêts à monter à cheval. Tout se passa tranquillement. Le régiment, fort de onze cents hommes et suivi de deux pièces de canon et de munitions, fut conduit sur la place d'Armes, où le maire, en présence des officiers de la garde nationale, lui fit prêter le serment de fidélité à la nation, à la loi et au roi.

Le 24, au moment où la garde nationale était à son tour réunie sur la place d'Armes pour prêter le même serment, le comte d'Estaing fit assembler les officiers pour leur lire la lettre suivante du roi qui remerciait la garde nationale de la réception faite au régiment de

(1) Avenue de Paris, au coin de la rue Saint-Martin.
(2) Avenue de Paris, après la rue de Noailles.

Flandres : « Je vous charge, mon cousin, de remercier la garde nationale de ma ville de Versailles de l'empressement qu'elle a marqué à aller au-devant de mon régiment de Flandres. J'ai vu avec plaisir la liste que je vous avais demandée, et que tous vous ont accompagné. Témoignez à la municipalité combien je suis satisfait de sa conduite. Je n'oublierai pas son attachement et sa confiance en moi, et les citoyens de Versailles le doivent à mes sentiments pour eux ; c'est pour l'ordre et la sûreté de la ville que j'ai fait venir le régiment de Flandres qui s'est bien conduit à Douai et ailleurs ; je suis persuadé qu'il en sera de même à Versailles, et je vous charge de m'en rendre compte.

« Signé, Louis.

« Le 24 septembre 1789. »

Lecointre avait cherché par tous les moyens à empêcher l'entrée de ce régiment; blessé de ce que ses efforts n'avaient pu réussir et de ce que tous les préparatifs de cette entrée avaient été faits par le comte d'Estaing sans qu'on l'eût consulté, il lui envoya sa démission.

Comme on le pense bien, le comte d'Estaing ne voulut pas accepter une démission pouvant amener encore quelques troubles dans Versailles. Lecointre avait d'abord cédé à un mouvement d'amour-propre blessé, mais il ne se fit pas beaucoup prier pour la retirer et conserver une place qui lui faisait jouer un rôle si important dans tout ce qui se passait alors dans notre ville.

Il existait à cette époque un journal qui, sous le nom de *Courrier de Versailles*, rendait compte non-seulement des séances de l'Assemblée nationale, mais encore de tous les événements de Versailles. Il était rédigé par Gorsas, alors maître de pension dans cette ville, qui fut plus tard député de Seine-et-Oise à la Convention, et mourut sur l'échafaud comme partisan des Girondins. Gorsas était très lié avec Lecointre, et c'est d'après les inspirations et les récits de celui-ci que tout était rapporté dans son journal. Comme ce journal était très exalté, il était par cela même très recherché à Paris, et c'était d'après ce qu'il disait que l'on y jugeait de l'état de Versailles.

L'appel du régiment de Flandres à Versailles, la manière dont on avait décidé la municipalité à en faire la demande au roi, les votes des compagnies de la garde nationale pour s'opposer à son entrée, et leur peu de succès, tout dans cette affaire fut présenté comme un complot des aristocrates pour préparer les voies à un coup d'Etat et à la fuite du roi. Les motions se succédèrent plus vives au Palais-Royal; on voulait aller à Versailles enlever les députés dont la vie était menacée, et comme les exagérations de la foule vont toujours en grossissant, ce n'était plus un régiment, mais plusieurs régiments, mais une armée qui marchait sur Versailles et sur Paris. L'alarme devint même si grande que des courriers furent envoyés à la découverte, et que la commune de Paris dépêcha quatre de ses membres au président de l'Assemblée nationale pour s'informer du nombre de ces troupes, de leur destination, et rapporter des éclaircissements qui pussent calmer les inquiétudes de la capitale.

Voilà ce qu'avaient produit l'arrivée du régiment de Flandres à Versailles, et les articles du *Courrier* de Gorsas.

Huit jours étaient à peine écoulés depuis l'arrivée du régiment de Flandres, et son esprit n'était plus le même. En arrivant, le régiment avait remis son artillerie et ses munitions entre les mains de la garde nationale, qui les avait placés dans les écuries de la Reine, à côté de ses pièces. Cette marque de confiance dissipa les préventions des habitants ; on vit bientôt les soldats se promener bras-dessus bras-dessous avec les gens du peuple, fréquenter les cabarets, commencer à manifester des opinions révolutionnaires, et dans ce court espace de temps la discipline était déjà sensiblement relâchée.

En dehors des corps habituels de la garde faisant successivement le service auprès du roi, le régiment de Flandres était le premier régiment d'infanterie de ligne venant tenir garnison à Versailles. Il était d'usage, dans l'armée française, avant la Révolution, comme cela s'est continué depuis, de donner un repas de corps au régiment qui arrivait. Déjà, dans le voyage du roi à Cherbourg, les gardes-du-corps avaient été ainsi plusieurs fois traités par les régiments d'infanterie. Les gardes résolurent donc de donner un repas aux officiers du régiment de Flandres.

Ce dîner fut fixé au 1er octobre.

A cette époque, il y avait un drapeau par chaque bataillon d'infanterie. Des dames de Versailles s'étaient réunies pour en offrir à plusieurs des bataillons de la garde nationale. Le 29, la reine fit venir chez elle l'état-major, et lui annonça qu'elle aussi avait voulu donner à la garde nationale de Versailles une marque de sa bienveillance pour elle, et qu'elle lui faisait don d'un drapeau pour chacune de ses divisions.

Le 30, les drapeaux furent bénis dans l'église Notre-Dame de Versailles par l'archevêque de Paris. Cette cérémonie se fit avec beaucoup de solennité. Le prince de Poix, gouverneur de Versailles, y assista ainsi que la municipalité, un grand nombre de membres de l'Assemblée nationale, les magistrats du bailliage, les officiers de tous les corps militaires, et tout ce qu'il y avait de personnes notables à Versailles. Après le *Te Deum*, chanté par la musique de la chapelle, Ducis prononça un discours où tout respirait l'union et la concorde, cruellement troublées quelques jours après. Un repas réunit enfin tous les invités à la cérémonie. Des toasts furent portés au roi et à *la prospérité de la nation, objets inséparables* (1), à la reine, au dauphin et à toute la famille royale. Ainsi se termina ce jour qui paraissait avoir réuni tout le monde, garde nationale et armée, dans un même sentiment d'amour pour le roi et la reine, si rapidement changé par la journée du lendemain.

C'est, en effet, le lendemain 1er octobre qu'eut lieu le dîner des gardes-du-corps qui fit tant de bruit et qui fut l'une des causes déterminantes des journées des 5 et 6 octobre.

Les quatre compagnies des gardes-du-corps séjournaient soit à Versailles, soit à Saint-Germain. Les deux compagnies de service auprès du roi y étaient relevées chaque quartier par les deux de Saint-Germain, et ainsi de suite. A cause des craintes qu'inspirait Paris à la cour, les quatre compagnies étaient restées à Versailles pour le quartier d'octobre, ce qui faisait monter leur effectif à près de six cents hommes. Quand on eut décidé le repas à donner aux officiers du régiment de Flandres, on ouvrit une souscription parmi les gardes-du-corps. Sur six cents gardes, il n'y en eut que quatre-vingts qui répondirent, et ce furent les seuls qui assistèrent au dîner (2). On y invita tous les officiers du régiment de Flandres, et ceux des chasseurs et des dragons de Lorraine, quel-

(1) Paroles du président de la municipalité.

(2) On voit que la grande majorité des gardes n'assista pas à ce repas qui retomba sur tous.

ques officiers des suisses, des cent-suisses, de la prévôté, et vingt membres dans tous les grades de la garde nationale de Versailles. Les commissaires chargés de l'organisation du repas cherchèrent un local. On pensa d'abord au manége (1) ; mais, pour le décorer, il aurait fallu une dépense trop considérable. La salle de spectacle de la ville n'était pas assez commode; on proposa alors de demander la salle de l'Opéra du Château. Le roi l'accorda, et l'on arrêta que le dîner aurait lieu dans cette salle, témoin quelques années auparavant d'une fête donnée par les gardes-du-corps à la famille royale.

Le local arrêté, on s'entendit pour le repas avec un restaurateur de Versailles, nommé Deharmes. Une table en fer à cheval de deux cent-dix couverts fut dressée sur le théâtre, dont la décoration représentait une forêt, et toute cette jolie salle parut resplendissante de lumière.

A trois heures de l'après-midi, tout le monde se réunit à la grille du Château, où était le rendez-vous. On se rend à la salle de l'Opéra par les corridors du Palais. En entrant, on est charmé de l'aspect de la salle, les convives se placent, et le repas commence. Dans l'orchestre étaient les trompettes des gardes et la musique du régiment de Flandres ; le parterre était réservé aux grenadiers du régiment de Flandres, et aux chasseurs et dragons de Lorraine.

C'était la première fête de ce genre qui se donnait à Versailles. La curiosité y attira beaucoup de personnes; toutes celles qui se présentèrent furent admises et se placèrent dans les loges. Le premier service se passa fort tranquillement. Au second service, le duc de Ville-

(1) Aujourd'hui caserne de l'artillerie à cheval de la Garde.

roy, capitaine des gardes, qui présidait le repas, fit monter dans le fer à cheval tous les militaires de l'amphithéâtre, on leur donna des verres, ils burent à la santé du roi, de la reine, du dauphin et de la famille royale, et les trompettes des gardes sonnèrent la charge à chacune de ces santés.

Les soldats des divers régiments étaient rétournés à l'amphithéâtre et le dessert était servi, lorsque dans une des loges grillées on aperçut la famille royale.

Le repas durait déjà depuis plusieurs heures. La beauté de la salle et la splendide illumination, le coup d'œil de ce couvert somptueux, la diversité des uniformes, la gaieté et l'entrain des convives avaient attiré successivement dans les loges tous les habitants du Château. Les dames de la reine l'avaient engagée plusieurs fois à aller voir ce curieux spectacle. Le roi était à la chasse; à peine fut-il arrivé que la reine l'entraîna à la salle de l'Opéra. C'est alors qu'ils parurent dans la loge grillée.

Aussitôt qu'on se fut aperçu de la présence de la famille royale, un cri unanime de « Vive le roi ! vive la reine ! » retentit dans toute la salle. Tous les convives se levèrent, et les soldats de Flandres et de Lorraine, heureux de voir le roi et la reine qu'ils connaissaient à peine, franchirent les balustrades de l'amphithéâtre pour se rapprocher de la famille royale. Le roi, ému de ces témoignages d'affection, quitta la loge et vint faire le tour du fer à cheval. Il était encore en habit de chasse, botté et éperonné, et accompagné du prince de Poix, qui était avec lui à la chasse; la reine le suivait, tenant sa fille à la main, et le Dauphin était porté par un officier des gardes. Ce furent alors des vivats continuels, pendant que la musique jouait l'air de Grétry : *O Richard, ô mon roi!* Quand le roi se retira, les santés du roi, de la reine, du dauphin et de la famille royale furent portées avec enthousiasme, et la plupart des militaires, franchissant les barrières, escaladant les loges, se précipitèrent dans le corridor de la Chapelle pour suivre le roi et la reine jusque dans les appartements. En un instant la salle fut presque entièrement vide. La musique et la plupart des convives se transportèrent dans la cour de Marbre, sous les fenêtres du roi. Les têtes un peu échauffées par le vin et les liqueurs, on chanta, on dansa, on fit des tours de force, on alla même jusqu'à escalader le balcon de la chambre de Louis XIV, et tout cela sous les yeux du roi dont la bonté semblait encourager ces jeunes fous. Puis, lorsque le roi se fut retiré de ses fenêtres, chacun se sépara et tout rentra dans le silence.

Tel fut ce fameux dîner qui eut un si grand et si malheureux retentissement, et qui déchaîna la haine populaire sur les gardes-du-corps.

La description que nous venons de donner de ce repas résulte des dépositions de tous ceux qui y assistèrent et dont les récits sont consignés dans l'enquête ordonnée par le Châtelet sur ces événements. Comment donc ce repas gai et bruyant, il est vrai, où les sentiments d'attachement au souverain se manifestèrent, il faut en convenir, avec une grande énergie, fut-il transformé en un crime de lèse-nation ?

On a vu qu'à la sortie de l'Opéra les convives et la musique s'étaient transportés dans la cour de Marbre, et que là, sous les yeux du roi et de la reine, on s'était livré aux chants, à la danse et aux jeux les plus bruyants. La musique, les lumières, les cris de joie avaient attiré dans la cour du Château et dans la place d'Armes une foule d'habitants de Versailles qui regardaient ce spectacle. Lecointre n'avait pas été invité au repas. Il accourt comme tout le monde, mais ce qui l'attire, lui, l'exalté patriote, ce n'est pas la curiosité, c'est le bien public : « Le tumulte devient tel, dit-il dans sa déposition, que l'alarme se répand dans la ville. Quelques corps de garde éloignés envoient pour s'instruire d'un événement qui inquiète les citoyens; la sentinelle gardant les drapeaux chez moi me fait part des craintes du peuple; je monte sur-le-champ à cheval, suivi de mon aide de camp; je monte au Château dont je ne tardai pas à descendre lorsque je vis que ce n'était que la fin d'une orgie. Je m'empressai de répandre dans la ville qu'il n'existait aucun danger, et j'eus la satisfaction de voir mes concitoyens calmés regagner tranquillement leurs demeures. »

Après avoir ainsi rassuré ses concitoyens, il va s'entendre avec ses amis pour rendre compte à sa manière de ce repas qu'il n'avait pas vu. Le lendemain on répand dans tout Paris le *Courrier de Versailles*, où Gorsas fait le récit de l'orgie des gardes-du-corps. On y raconte que la *santé de la nation ayant été proposée, les gardes-du-corps la rejettent;* puis qu'à peine la reine sortie, « on sonne la charge, les convives chancelants escaladent les loges et donnent un spectacle *à la fois dégoûtant et horrible.* Dans un moment d'ivresse, on lâche les propos les plus indécents, *la cocarde nationale est proscrite et remplacée par la cocarde blanche*, que plusieurs capitaines de la garde nationale s'empressent d'adopter (1). » Voilà les bruits qui circulèrent dans Paris et dans Versailles, malgré les dénégations des assistants.

Il paraît certain, d'après la déposition des témoins, qu'il ne fut pas porté de santé à la nation; mais il paraît certain aussi que cette santé ne fut ni proposée ni rejetée.

(1) Déposition de Lecointre au Châtelet.

Quant à la proscription de la cocarde nationale, tous les témoins nient positivement ce fait. Dans ce moment, la garde nationale portait seule la cocarde tricolore, que l'on appelait la cocarde nationale, les gardes-du-corps et les autres troupes portaient la cocarde blanche, le roi n'ayant pas encore ordonné à l'armée de prendre la cocarde tricolore. Il n'y avait donc rien d'étonnant qu'à ce dîner on eût encore vu un si grand nombre de ces cocardes qui choquaient les yeux des patriotes.

Pendant que l'émotion produite par ces récits se répandait dans tout Paris, la cour n'avait vu dans ce repas qu'un gage d'union de toutes les troupes qui devaient la défendre, et s'était rassurée contre les tentatives de la capitale. Aussi, lorsque le lendemain une députation de la garde nationale de Versailles vint remercier la reine de lui avoir fait don de ses drapeaux, cette princesse, encore sous l'impression de la scène de la veille, lui répondit : « Je suis fort aise d'avoir donné des drapeaux à la garde nationale de Versailles. La nation et l'armée doivent être attachées au roi, comme nous le sommes nous-mêmes. *Je suis enchantée de la journée du jeudi.* »

Cette réponse de la reine, se réjouissant d'une réunion que l'on venait de signaler aux yeux du pays comme la preuve d'un complot contre la nation et ses libertés, fut présentée comme une approbation de ce complot, et le nom de la reine fut livré à la haine du peuple avec celui des gardes-du-corps.

Il restait beaucoup des vins du repas du jeudi ; les gardes décidèrent qu'on se réunirait pour les achever dans un déjeuner.

Le samedi 3, on dressa des tables dans le manége de leur hôtel ; on les couvrit de pâtés, de jambons et de viandes froides. On invita à ce repas quatre-vingts soldats des régiments de Flandres, des dragons et chasseurs, et un homme de chaque compagnie de la garde nationale de Versailles. Ce déjeuner fut d'abord très gai, on y porta les santés du roi, de la reine, du dauphin, de la famille royale, de la nation, de l'Assemblée, de la garde nationale, des différents corps, enfin personne ne fut oublié. Mais bientôt les têtes s'échauffèrent; on cria, on chanta, on cassa les bouteilles et les verres, et grand nombre de convives ne surent bientôt plus ni ce qu'ils disaient, ni ce qu'ils faisaient.

Le *Courrier de Versailles* s'empressa de rendre compte de ce nouveau grief des gardes-du-corps, et il signala surtout, comme le fit Lecointre dans sa déposition, la réconciliation du duc de Guiche avec les gardes, et comment en signe d'union on le décora de quatre bandoulières.

Pour comprendre l'intérêt que l'on attachait à cette réconciliation du duc de Guiche avec les gardes-du-corps, il faut remonter un peu plus haut.

La majeure partie des gardes-du-corps appartenait à cette petite noblesse de province dont un bon nombre siégeait aux États généraux, parmi les députés du Tiers. Aussi étaient-ils généralement très partisans des idées nouvelles. Dans les troubles qui éclatèrent à Versailles, lors des premières séances des États généraux, on les employa à faire la police de la ville, et ils furent plusieurs fois chargés de s'opposer à la réunion des députés. Ils s'en plaignirent, firent observer qu'ils devaient garder la personne du roi et non molester leurs concitoyens. Un de leurs maréchaux des logis fut chargé de porter en leur nom à leur capitaine, le duc de Guiche, les réclamations de la compagnie. Le duc reçut fort mal leurs observations; il les accusa de refuser le service, et le maréchal des logis fut cassé à la tête du corps. Les gardes-du-corps portaient, comme signe distinctif du service, une large bandoulière de couleur différente suivant la compagnie. Le maréchal des logis, blessé de cet acte de rigueur qu'il regardait comme injuste, voulut rendre sa bandoulière. Rétabli dans son grade, grâce à l'intervention de la reine, les gardes-du-corps n'en conservèrent pas moins un vif ressentiment contre le duc de Guiche. Depuis ce moment, le duc fut considéré comme l'un des plus grands ennemis de la révolution, et voilà pourquoi cette réconciliation et cette décoration des quatre bandoulières, dans ce déjeuner, étaient signalées comme la preuve que tous les gardes s'étaient rangés à ses opinions.

Le dimanche 4, un repas est encore donné aux soldats du régiment de Flandres par la municipalité de Versailles.

La garde nationale en fait les honneurs. L'état-major du régiment et celui de la garde nationale y assistent. Des toasts sont portés au roi et à la nation, et tout s'y passe dans le plus grand ordre.

Pendant que les fêtes et les repas se succédaient à Versailles, l'orage grondait à Paris.

Depuis l'arrivée à Versailles des chasseurs et des dragons de Lorraine, du régiment de Flandres, et depuis le séjour dans cette ville des quatre compagnies des gardes-du-corps, le bruit ne cessait de courir dans tout Paris du départ du roi et de la dissolution de l'Assemblée nationale. Partout on se réunissait, et les jardins publics, les rues et les places étaient remplis de groupes animés dans lesquels le désir d'enlever le roi de Versailles pour le conduire à Paris était le but de tous les discours.

C'est au milieu de cette disposition des esprits qu'arrivèrent successivement les feuilles du journal de Gorsas, racontant à sa manière les repas des gardes, la réponse de la reine à la garde nationale de Versailles, l'insolence des courtisans dans l'intérieur du Château, les dames faisant des cocardes blanches et les offrant à tous ceux qui venaient à l'Œil-de-Bœuf, *l'indignation du brave et patriote Lecointre*, s'étonnant *qu'on osât se permettre de tenir une telle conduite chez le roi*, sa querelle à ce sujet avec un courtisan, sa réponse quand il veut l'entraîner au dehors : « Non, c'est ici qu'il faut terminer ; mais ne crois pas, vil gladiateur, que je me mesure avec toi selon l'usage ; tire ton épée, et le plus adroit poignardera l'autre. » On s'arrache ces feuilles; les autres journaux et le *Moniteur* les copient. Les motions les plus incendiaires se font au Palais-Royal, et le 4, pendant que la municipalité de Versailles donne un repas au régiment de Flandres, tout Paris s'apprête à marcher sur cette ville le lendemain.

Sans doute le mouvement de Paris sur Versailles était depuis longtemps inévitable. La lutte entre le peuple et l'aristocratie, qui avait dans l'Assemblée nationale de si énergiques champions, dont les uns cherchaient leur point d'appui dans la cour, tandis que les autres puisaient leur force dans cette classe moyenne si instruite et déjà si puissante, qui entraînait à sa suite et comme force brutale la multitude ignorante; cette lutte retentissait dans tout le pays et surtout à Paris, foyer de toutes les passions.

Deux forces tendaient à éloigner le roi de Versailles : l'aristocratie, sentant que par la marche des choses elle allait être privée de toutes ses prérogatives, de toute sa puissance, et qui aurait voulu emmener le roi loin de

Paris, dans une forteresse, s'entourer de troupes, et de là dicter ses lois, dissoudre l'Assemblée, détruire tout cet échafaudage de constitution et recouvrer les priviléges dont elle avait joui pendant si longtemps ; et la démocratie, elle aussi voulant enlever le roi de Versailles, mais pour le mener à Paris, pour le placer au centre du mouvement révolutionnaire, pour le surveiller, lui faire exécuter ses volontés et hâter la marche des idées qui avaient envahi la grande majorité du pays. La victoire devait rester au plus fort, et c'est ce qui arriva aux journées des 5 et 6 octobre. Mais ce qui décida cette invasion rapide de Paris sur Versailles, et surtout les horreurs qui l'accompagnèrent, ce furent les récits passionnés de Gorsas, ou plutôt de Lecointre. Qu'on lise en effet avec attention la longue déposition de Lecointre dans l'enquête faite par le Châtelet sur les journées des 5 et 6 octobre, qu'on la compare au récit du *Courrier de Versailles*, qu'on la compare à celui du *Moniteur*, on restera convaincu que ce récit qui a mis en feu tout Paris, qui a amené les massacres des gardes, et dont la reine faillit être la victime, a été fait par Lecointre. Tout s'y retrouve, ses expressions, ses insinuations, ses bravades même !

II

Des changements considérables s'étant opérés dans l'état de la ville de Versailles et dans son Château depuis cette époque, il est nécessaire, afin de faire comprendre les différents épisodes de ces deux journées, de montrer les lieux où se passèrent les principales scènes de ce drame tels qu'ils étaient en 1789.

Quoiqu'il fût alors le séjour du roi et de la cour, Versailles n'avait pas l'aspect de propreté qu'il a maintenant. Des baraques, des échoppes nombreuses s'étalaient dans les rues, dans les avenues, dans les places et jusque dans les cours et dans les corridors du Château, ce qui donnait à la ville un aspect particulier que l'on a de la peine à se figurer aujourd'hui.

La ville était fermée du côté de l'avenue de Paris par une barrière en bois, placée un peu avant la rue de Noailles (1). Les deux premiers bâtiments qui se présentaient en entrant étaient, à droite, l'hôtel construit par Mme du Barry, appartenant alors à Monsieur, frère du roi, aujourd'hui une caserne de cavalerie (2), et à gauche, en face, au coin de la rue Saint-Martin, l'hôtel des Menus-Plaisirs du roi, où siégeait l'Assemblée nationale, servant aussi actuellement de caserne de cavalerie (3). L'entrée principale de l'hôtel était, comme aujourd'hui, sur l'avenue de Paris. On entrait d'abord dans la cour d'honneur, au fond de laquelle un grand escalier menait dans un vestibule conduisant à la salle de l'Assemblée (4). La salle construite du côté de la rue des Chantiers, sur un terrain plus élevé, se trouvait à la hauteur du premier étage de l'hôtel des Menus, et avait aussi une entrée sur la rue des Chantiers servant le plus ordinairement aux députés (5). Le reste de l'hôtel des Menus-Plaisirs était occupé par les bureaux de l'Assemblée et par les cabinets d'attente du roi. La salle de l'Assemblée nationale

(1) Voir n° 1, pl. 1, ville.
(2) Voir n° 2, pl. 1, ville.
(3) Voir n° 3, pl. 1, ville.
(4) C'est par cet escalier que le roi se rendait à l'Assemblée.
(5) Voir n° 4, pl. 1, ville.

était fort grande. Dans le fond, du côté de l'hôtel, se trouvait le trône du roi, au-dessous le bureau du président. Les députés étaient placés en face sur des banquettes. De chaque côté on avait pratiqué des galeries dans lesquelles entrait le public.

En continuant de suivre l'avenue de Paris, du côté du Château, on rencontrait deux autres grands bâtiments. A droite, le Chenil (1), et à gauche, l'hôtel du Grand-Maître de la maison du roi (2).

Le Chenil, aujourd'hui la Préfecture et le Palais de justice, était un immense bâtiment destiné à loger la vénerie du roi. Une grande cour séparait l'hôtel du Grand-Veneur (Palais de justice) de la Vénerie (Préfecture). Cette cour était fermée par deux grilles, l'une du côté de la rue Saint-Pierre, et l'autre du côté de l'avenue de Paris (3). On voit que la place actuelle des Tribunaux n'existait pas, et il n'y avait alors que les piétons qui pussent traverser cette cour du Chenil.

En face était l'hôtel du Grand-Maître (aujourd'hui la Mairie). Il n'y avait point comme aujourd'hui d'avenue devant le bâtiment, et à la place se trouvait un très grand jardin. Un passage était cependant réservé aux piétons, qui pouvaient se rendre de l'avenue de Paris à l'avenue de Sceaux, par la cour de l'hôtel et par une allée du jardin (4).

Après ces deux bâtiments se trouvaient à gauche les Petites-Ecuries du roi (5), et à droite les Grandes-Ecuries (6), avec le grand Manége (7) (actuellement caserne

(1) Voir n° 5, pl. 1, ville.
(2) Voir n° 6, pl. 1, ville.
(3) Voir n° 7, pl. 1, ville.
(4) Voir n° 9, pl. 1, ville.
(5) Voir n° 10, pl. 1, ville.
(6) Voir n° 11, pl. 1, ville.
(7) Voir n° 12, pl. 1, ville.

de l'artillerie à cheval de la Garde), et contre ces bâtiments de nombreuses échoppes.

La place d'Armes était surtout très différente de ce qu'elle est aujourd'hui. Les deux allées d'arbres s'étendant de l'avenue de Saint-Cloud et de l'avenue de Sceaux au Château, de chaque côté de la place, n'existaient point alors. A droite, la place était bordée par les maisons de la rue des Hôtels. A gauche, elle se terminait par une terrasse soutenue par un mur s'élevant à la hauteur du premier étage des maisons de la rue de la Chancellerie (1). Contre ce mur, du côté de la rue, s'élevaient des baraques à un étage, presque toutes occupées par des marchands de comestibles de la desserte du roi, que l'on appelait le Serdeau. A la hauteur de l'hôtel de la Chancellerie, la terrasse de la place était interrompue par un pâté de baraques à un étage, terminant la rue de la Chancellerie et suivant la rampe ou descente de la place à la rue Satory, en faisant face à l'avenue de Sceaux. Sur la terrasse, on avait construit, à la fin du règne de Louis XV, un bâtiment qui en occupait la moitié et que l'on nommait caserne des gardes-françaises (2).

La garde extérieure du Château était faite par le régiment des gardes-françaises et par le régiment des gardes-suisses. Le régiment des gardes-françaises était caserné à Paris, et le régiment des gardes-suisses à Rueil. Toutes les semaines, il venait une compagnie de ces régiments pour faire le service de Versailles. Ce n'était pas une grande fatigue pour les Suisses de venir chaque semaine de Rueil, peu éloigné de Versailles, mais, pour les gardes-françaises, il n'en était pas de

(1) Voir n° 13, pl. 1, ville.
(2) Voir n° 14, pl. 1, ville.

même. On résolut alors de construire pour eux une caserne dans laquelle pourraient tenir quatre compagnies à la fois, ce qui leur permettrait de ne changer de garnison que tous les mois.

Cette caserne occupait donc la moitié de la terrasse de la place d'Armes. Du côté de la place, elle avait la forme de grandes tentes militaires, et formait un bâtiment à plusieurs étages du côté de la rue de la Chancellerie.

De chaque côté et sous la cour du Château s'ouvraient, sur la place d'Armes, deux corps de garde communiquant par un escalier dans la cour, l'un à gauche regardant la rue de la Chancellerie, pour les gardes-françaises (1); l'autre à droite, sur la rue des Hôtels, pour les gardes-suisses (2). C'est la partie de la descente de la cour du Château que l'on vient de réparer, près des latrines publiques. On a conservé la forme cintrée des portes de ces corps de garde.

Le reste des murs d'enceinte de la cour, sur la place, était garni de baraques où l'on débitait des boissons.

Des baraques couvraient aussi les murs des Grandes et des Petites-Écuries, du côté des avenues de Saint-Cloud et de Sceaux.

L'hôtel des gardes-du-corps, situé rue Royale, est occupé aujourd'hui par une caserne de cavalerie (3). Cet hôtel était assez grand pour loger tous les gardes-du-corps de service et leurs chevaux; mais, comme on avait retenu à Versailles ceux du quartier précédent, on fut obligé de les loger à l'hôtel de Charrost (4).

(1) Voir n° 15, pl. 1, ville.
(2) Voir n° 16, pl. 1, ville.
(3) Voir n° 17, pl. 1, ville.
(4) Voir n° 18, pl. 1, ville.

Cet hôtel de Charrost était situé place Charrost, à l'endroit où se trouve aujourd'hui un chantier de bois de construction. On avait élevé sur ce terrain de grandes écuries pour les chevaux du roi, et ce fut là qu'on plaça les chevaux des gardes.

Enfin la municipalité, qui fut constamment en permanence pendant ces deux jours, s'assemblait à l'hôtel du garde-meuble (ancienne préfecture), rue des Réservoirs (1).

Pour pouvoir bien comprendre les différentes scènes du drame qui se passa dans le Château, dans la matinée du 6 octobre, il est nécessaire de savoir aussi comment il était disposé à cette époque.

Aujourd'hui, lorqu'on a franchi la grande grille donnant sur la place d'Armes, on entre dans une immense cour s'étendant, sans aucune interruption, de la grille jusqu'aux bâtiments.

Il n'en était pas ainsi au moment où se passèrent les événements que nous décrivons. Une seconde grille, placée entre les deux ailes du Château, à l'endroit à peu près où se trouve la statue équestre de Louis XIV, séparait la première cour, nommée cour des Ministres, à cause des bâtiments de chaque côté où logeaient les ministres, d'une seconde appelée cour Royale; enfin, le petit espace placé entre les anciennes constructions du château de Louis XIII portait, comme aujourd'hui, le nom de cour de Marbre, à cause de son dallage en marbre. Les deux grilles de la cour des Ministres, sur la rue des Réservoirs et sur la rue de la Surintendance (de la Bibliothèque), existaient comme maintenant. Une grille fermait aussi la petite cour de la Chapelle, et une

(1) Voir n° 19, pl. 1, ville.

autre fermait celle du côté opposé, que l'on appelait la cour des Princes, parce qu'elle donnait entrée dans l'aile du midi du Château habité par les princes du sang (1). Il n'y avait point alors, au fond de la cour des Princes, de vestibule pour passer dans les jardins. A la place de celui que l'on voit aujourd'hui se trouvait une petite salle de spectacle, construite sous Louis XIV. Pour aller dans le parc de ce côté, on passait par la porte du grand corridor de l'aile du midi, où sont aujourd'hui les statues des grands personnages, alors garni de boutiques (2), et l'on entrait dans le parc par une porte placée au bas du grand escalier des princes (3). Dans cette cour se trouvaient des échoppes, ainsi que dans la cour de la Chapelle et dans tous les corridors du Château, où s'étalaient des marchands de toutes sortes d'objets. La cour de la Chapelle n'avait point de communication avec la cour Royale. Elle en était empêchée par la grande aile, appelée aile de Gabriel, à cause de son constructeur, et dans laquelle la reine Marie-Antoinette avait fait élever un théâtre qui ne fut détruit que quand le roi Louis-Philippe eut transformé le Château en Musée (4). Il n'en était pas de même de la cour des Princes. L'ancienne aile construite par Mansart existait encore entière. On n'avait pas construit ce gros carré qui fait pendant à l'autre aile, et dans lequel est actuellement le corps de garde. Cette aile était terminée par une colonnade, fermée par des grilles faisant suite d'un côté à la grille Royale et de l'autre à la grille des Princes, en sorte que sous cette colonnade et derrière ces grilles on commu-

(1) Voir n° 1. pl. 1, château extérieur.
(2) Voir n° 2, pl. 1, château ext.
(3) Voir n° 3, pl. 1, château ext.
(4) Voir n° 4, pl. 1, château ext.

niquait de la cour des Princes dans la cour Royale (1). On pouvait entrer de celle-ci dans le parc par deux voûtes : celle de gauche, où ne passait pas le public à cause des appartements de Madame Royale et du Dauphin, qui y avaient leur entrée (2), et celle de droite, dans laquelle Louis XV fut frappé par Damiens, communiquant à l'appartement de Mesdames, tantes du Roi (3).

Il me reste maintenant à décrire la partie du Château où se passèrent les scènes d'intérieur.

Dans le haut de la cour Royale, à gauche, et à peu de distance de la cour de Marbre, se trouve l'entrée de l'escalier de marbre (4). Au haut de cet escalier et sur le palier, on rencontre à droite la porte de la salle des gardes de la reine (5). En face, l'entrée de la grande salle ou salle de depôt, aujourd'hui salle du Sacre de l'Empereur (6). A l'extrémité de cette salle est une porte qui donnait sur un passage communiquant à la salle des cent-suisses (7). En face de cette porte, une autre porte donnant sur la salle des gardes de la reine (8), à la suite de laquelle se trouvait une grande antichambre, suivie d'une autre plus petite précédant la chambre à coucher de la reine. Au pied du lit de la reine s'ouvrait une petite porte (9) donnant sur un couloir aboutissant à la salle de l'Œil-de-Bœuf (10). A l'entrée de ce couloir est

(1) Voir n° 5, pl. 1 et 3, château extérieur.
(2) Voir n° 6, pl. 1 et 3, château ext.
(3) Voir n° 7, pl. 1 et 3, château ext.
(4) Voir n° 8, pl. 1 et 3, château ext.
(5) Voir n° 1, pl. 2, château intérieur.
(6) Voir n° 2, pl. 2, château int.
(7) Voir n° 3, pl. 2, château int.
(8) Voir n° 4, pl. 2, château int.
(9) Voir n° 5, pl. 2, château int.
(10) Voir n° 6, pl. 2, château int.

un petit escalier (1) descendant dans un passage de l'entre-sol, nommé *passage du roi*, communiquant à son appartement, et qui lui permettait d'aller, sans être vu, dans l'appartement de la reine (2). Sur le palier de l'escalier de marbre, de l'autre côté de l'entrée de l'appartement de la reine, il y avait, comme aujourd'hui, un vestibule donnant entrée dans la salle des gardes du roi, puis une grande antichambre communiquant à la salle de l'Œil-de-Bœuf.

Tel était l'état des lieux où se passèrent ces deux mémorables journées qui eurent une si grande influence sur la marche de la Révolution.

Dès le matin du 5 octobre, tout Paris était en mouvement; mais ce qui détermina surtout la marche sur Versailles, ce fut la disette.

Malgré les efforts du comité de subsistance qu'avait établi Bailly dès qu'il fut placé à la tête de la municipalité de Paris, le blé et surtout la farine y arrivaient difficilement. Dès quatre heures du matin la foule assiégeait les boutiques des boulangers. On faisait la queue plusieurs heures, on se battait pour avoir à prix d'argent un malheureux pain qui souvent n'était pas suffisant pour la subsistance d'une famille. La mauvaise qualité du pain ajoutait encore à la fureur du peuple. Un rien pouvait la faire éclater. Les récits des scènes de Versailles furent l'étincelle qui fit développer l'incendie. Une jeune fille, partie des halles, entre dans un corps de garde, s'empare d'un tambour et parcourt les rues en battant la caisse et criant contre la cherté du pain. D'autres femmes s'attroupent autour d'elle, et la foule

(1) Voir n° 7, pl. 2, château intérieur.
(2) Voir n° 8, pl. 3, château int.

grossissant se porte à l'Hôtel-de-Ville. Bientôt elles forcent la garde qui le défendait, l'envahissent en demandant du pain et des armes.

Au milieu du tumulte paraît Stanislas Maillard, l'un des vainqueurs de la Bastille, que plusieurs d'entre elles reconnaissent et qui parvient à les dominer. Il sort de l'Hôtel-de-Ville, prend un tambour, les engage à marcher sur Versailles, à venir s'adresser à l'Assemblée nationale, et se met à leur tête. Elles le reconnaissent pour leur chef et indiquent pour quartier général les Champs-Élysées.

Dans sa déposition au Châtelet, Maillard fait le récit de la marche de cette singulière armée de femmes. Elles suivent les quais jusqu'au Louvre. Là, elles rencontrent une voiture dans laquelle était une dame et son mari. Elles arrêtent la voiture, font descendre la dame et veulent la forcer à les suivre à Versailles. La dame effrayée prie qu'on la laisse continuer sa route. Les unes s'y opposent, les autres attendries par ses larmes désirent qu'on la mette en liberté; une dispute s'ensuit, elles en viennent aux mains, et pendant le tumulte la pauvre dame se sauve avec son mari. Arrivées devant les Tuileries, les femmes veulent traverser le jardin. Le suisse s'y oppose et tire son épée contre une de ces femmes qui, armée d'un manche à balai, voulait lui faire ouvrir la grille. Maillard accourt au secours de la femme et croise le fer avec le suisse. La femme, pour séparer les deux combattants, donne un coup de son manche à balai sur les deux épées et les fait tomber de leurs mains. D'autres femmes s'emparent du suisse, le renversent, le foulent aux pieds, et toute la bande traverse le jardin. Une fois dans les Champs-Elysées, cette bande se grossit d'une foule d'autres femmes arrivant de tous les côtés, armées de manches à balai, de piques, de fourches, d'épées, de pistolets et même de fusils.

Quand Maillard fut parvenu à mettre un peu d'ordre dans cette armée de femmes, qu'il dit être de six à sept mille, il se mit en marche, précédé de dix tambours et de deux pièces de canon, qu'elles traînèrent jusqu'à leur arrivée à Versailles. Toutes les boutiques se fermaient sur leur passage. Elles frappaient alors aux portes, demandant à boire et à manger, et arrachant les enseignes des marchands.

« Arrivé au pont de Sèvres, continue Maillard dans son récit, je fis faire halte.

« Les habitants de Sèvres, à qui on s'était adressé, dirent que Sèvres était dans la plus grande consternation, que tout était fermé, et qu'il serait impossible de trouver aucun rafraîchissement pour ces dames. Ne sachant quel parti prendre, je fis venir huit hommes de la suite, un d'entre eux m'ayant demandé la permission de commander, j'y consentis et lui donnai pour consigne d'aller à Sèvres, de s'informer et de découvrir où étaient les boulangers, et de les inviter à distribuer le pain qu'ils pouvaient avoir chez eux. Nous continuâmes alors notre chemin sans rencontrer aucun obstacle dans Sèvres. Arrivés à Sèvres, nous trouvâmes effectivement les boutiques de limonadiers et de cabaretiers fermées. Un de mes hommes vint m'apprendre qu'ils n'avaient trouvé que huit pains de quatre livres chez un boulanger et qu'il les coupait en petits morceaux pour les distribuer. Je fus obligé de rendre compte à ces dames du rapport qui venait de m'être fait, ce qui excita des murmures et les fit disperser çà et là pour former des complots. Bientôt toutes les femmes se dispersèrent et se portèrent à toutes les portes et boutiques des marchands de vin, aubergistes, limonadiers et autres citoyens, entrèrent dans une cour, prirent des bancs et autres morceaux de bois, et se mirent en devoir d'enfoncer les portes et d'abattre les enseignes de tous les marchands. Je fis battre la générale pour rassembler les citoyens de Sèvres et qu'ils puissent se mettre en défense contre les malheurs qui les menaçaient. Je vis arriver une foule d'hommes armés que je croyais être des habitants du lieu; au contraire, c'étaient des hommes de la suite des femmes, qui se jetèrent avec fureur sur toutes les portes où elles étaient déjà. Je fis rappeler, je les engageai à rester tranquilles, et ayant frappé moi-même à une maison en face de la grille du parc, je demandai à un homme qui se présenta de donner du pain et du vin s'il en avait. Il me répondit qu'il n'avait pas de pain, mais qu'il avait du vin. Je le fis distribuer à ces femmes par des hommes armés, et j'engageai ce particulier à en donner à toutes les femmes, en lui disant que je lui donnerais un bon pour être payé à la ville.

« Les femmes se mirent enfin en route, les hommes restèrent derrière, ce qui ne me laissa pas moins de crainte. Je confiai le commandement de ces hommes à un particulier sans col, qui m'a dit avoir manqué d'être pendu pour avoir sonné le tocsin dans une église de Paris. Je lui prêtai une des deux épées que j'avais; ce particulier vint me rendre compte de sa conduite à l'Assemblée nationale en me disant que tous ces messieurs s'étaient comportés avec toute l'honnêteté possible.

« Je cheminais avec ces femmes pour gagner Versailles. Passé Viroflay, elles rencontrèrent plusieurs particuliers à cheval, ayant des cocardes noires à leurs chapeaux. Elles les arrêtèrent et voulaient se porter à des excès contre eux. Elles en frappèrent un, le démontèrent de son cheval, et lui arrachèrent sa cocarde noire qu'une de ces femmes me remit. Je fis faire halte, et je fus au secours du particulier. J'obtins sa grâce sous condition qu'il donnerait son cheval, qu'il marcherait derrière elles, et qu'au premier lieu elles lui mettraient un écriteau derrière lui, comme ayant insulté la cocarde nationale. Une des femmes partit sur ce cheval pour avertir à Versailles qu'elles allaient arriver. (C'est, dit-on, Théroigne de Méricourt.)

« Un peu plus loin elles aperçurent, dans une avenue qui fait fourche au grand chemin (la Patte-d'Oie), deux autres particuliers qui avaient sur leurs têtes des chapeaux ronds avec des cocardes noires et qui allaient à grande course de cheval vers Versailles. Plusieurs femmes sortirent des rangs et interceptèrent le passage à ces deux particuliers. Une de ces femmes, qui avait l'un des deux chapeaux, et connue sous le nom de femme Tournay, avec deux autres femmes, me remirent les deux cocardes noires, et deux femmes montèrent sur les chevaux, et ces deux particuliers se placèrent derrière les femmes. Cette expédition faite, je fis mettre ces femmes sur trois rangs, autant qu'il fut en mon pouvoir, les fis former en cercle, et leur dis que les deux pièces de canon qu'elles avaient ne devaient point être traînées à leur tête; que, malgré qu'elles n'eussent pas de munitions, on pourrait les soupçonner de mauvaises intentions, qu'elles devaient plutôt montrer de la gaieté que de causer une émeute dans Versailles; que cette ville n'étant point informée de leur démarche, les habitants pourraient soupçonner d'autres vues, et qu'elles seraient victimes de leur dévouement. Elles consentirent à faire ce que je voulais; en conséquence, les canons furent placés derrière elles, et j'invitai les femmes à chanter :

Vive Henri IV, en entrant à Versaillles, et à crier : *Vive le roi;* ce qu'elles ne cessèrent de répéter au milieu du peuple de cette ville qui les attendait, et qui criait : *Vivent nos parisiennes.* »

Ce que Maillard ne dit pas, et ce que l'on trouve dans toutes les autres dépositions, c'est que cette bande, depuis son départ de Paris jusqu'à son arrivée à Versailles, ne cessa de pousser des cris de mort contre les gardes-du-corps et contre la reine.

Pendant que cette troupe de femmes marchait ainsi sur Versailles, Paris était en ébullition.

Depuis le matin, le tocsin et la générale avaient mis toute la ville en mouvement. La garde nationale, réunie d'abord dans les districts, se rendait en masse vers l'Hôtel-de-Ville, la place en fut bientôt couverte ; le cri : *à Versailles!* retentissait de tous côtés. Une députation de grenadiers monte à l'Hôtel-de-Ville et va trouver Lafayette, qui cherchait avec la municipalité à arrêter ce mouvement, dont il prévoyait les graves conséquences. L'un d'eux s'adresse au général, lui dit qu'on le trompe ; qu'il est temps que tout cela finisse ; que le peuple est malheureux ; que la source du mal est à Versailles ; qu'il faut aller chercher le roi et l'amener à Paris. Lafayette résiste, descend sur la place, harangue les grenadiers ; sa voix se perd au milieu des cris : *à Versailles! à Versailles!* Enfin, après plusieurs heures de pourparlers, la municipalité fait passer à Lafayette l'ordre, *vu les circonstances et le désir du peuple* (1), de se transporter à Versailles. Le général monte à cheval, se met à la tête des bataillons, et donne enfin l'ordre du départ, qui est accompagné d'un cri de joie universel. Il était alors six heures du soir.

(1) Termes mêmes de l'arrêté.

Pendant que Paris en armes marchait ainsi sur Versailles, rien dans la matinée de ce jour n'annonçait dans cette dernière ville l'orage qui allait y éclater. Malgré l'état d'effervescence dans lequel avait été la capitale dans la journée du 4, les ministres semblaient ignorer tout ce qui se préparait. Dès le matin, le roi partit à la chasse, comme dans les jours les plus calmes. Mais si la cour et ceux qui étaient chargés de la garde de Versailles paraissaient sans inquiétude sur les mouvements de Paris, tout le monde n'était pas aussi calme, et des symptômes précurseurs s'annonçaient déjà dans la cité royale.

L'Assemblée nationale discutait ce jour même sur la réponse que venait de faire le roi à la déclaration des droits de l'homme et aux premiers articles de la Constitution. Les uns l'approuvent, d'autres l'attaquent, on s'aigrit; Pétion, au milieu de la discussion, parle pour la première fois des repas des gardes-du-corps, et des insultes à la nation et à l'Assemblée faites dans ces repas. Grégoire s'occupe de la disette; on s'élève contre ce que vient de dire Pétion, on le somme de signer sa dénonciation, alors Mirabeau lance cette première attaque à la reine : « J'ai désapprouvé tout le premier ces dénonciations impolitiques; mais, puisqu'on insiste, je dénoncerai moi-même, et je signerai quand on aura déclaré qu'il n'y a d'inviolable en France que le roi. » Le silence se fit alors, mais l'aigreur de cette discussion et ces attaques contre les gardes et même au-dessus d'eux montraient bien que beaucoup de députés étaient au courant de l'état de la capitale. Un des hommes surtout qui, dans Versailles, n'ignorait rien de ce qui se passait à Paris et du mouvement qui se préparait, était Lecointre. Le matin du 5 octobre, Lecointre provoque une assemblée de l'état-major de la garde nationale de Versailles, et fait la motion qu'on force les gardes-du-corps à venir sur-le-champ au milieu de la garde nationale et qu'on leur fasse prendre la cocarde tricolore et prêter le serment de fidélité à la nation, à la loi et au roi. On lui fait observer que le roi seul peut prescrire à ses gardes ce qu'il veut leur faire faire, qu'un refus peut amener un grave conflit; il insiste et se retire en faisant connaître aux gardes nationaux de son quartier cette nouvelle cause de haine contre les gardes-du-corps.

Cependant les femmes approchaient de Versailles, et les ministres furent enfin avertis de leur arrivée. Aussitôt, M. de Saint-Priest écrit une lettre au roi qui était encore à la chasse dans les bois de Meudon pour l'engager à revenir. M. de Cubières, écuyer cavalcadour, part aussitôt pour la lui remettre, pendant que des détachements de gardes-du-corps sont envoyés dans différentes directions pour protéger le retour du roi. Sur les trois heures, M. de Cubières trouve le roi et lui remet la lettre. «On m'annonce, lui dit le roi, que des femmes de Paris viennent pour me demander du pain! Hélas! ajouta-t-il, si j'en avais, je n'attendrais pas que les pauvres femmes vinssent m'en demander.»

Quelques instants après que le roi fut rentré au Château, les femmes arrivèrent à la barrière.

Pendant qu'on était à la recherche du roi, la municipalité de Versailles se réunissait. Le comte d'Estaing, qui commandait toutes les troupes, se rendit dans son sein et lui exposa les dangers du roi et de la ville. Aussitôt la municipalité lui remit l'ordre suivant : «L'assemblée municipale requiert M. le commandant de la milice nationale de prendre toutes les précautions et d'employer toutes les forces qui sont à sa disposition pour garantir de toute insulte le roi et la famille royale, l'Assemblée nationale et cette ville, même de repousser la force par la force, après avoir néanmoins employé tous les moyens de douceur pour maintenir la paix, et dans le cas où Sa Majesté serait forcée de s'absenter de cette ville, l'Assemblée charge M. le commandant de la ramener le plus tôt possible. »

Armé de cet ordre, le comte d'Estaing se rendit au conseil des ministres, où l'on arrêta les mesures de sûreté. On fit prendre les armes au régiment de Flandres et monter à cheval les gardes-du-corps. Ils vinrent au nombre de près de quatre cents se ranger dans la place d'Armes, devant la grille de la cour des ministres, tandis que quelques invalides, les suisses du poste et le régiment de Flandres se mirent en bataille à la gauche des gardes, depuis la grille du Château jusqu'à celle des Grandes-Ecuries du roi ; un détachement des chasseurs des Trois-Evêchés et quelques gardes de Monsieur et du comte d'Artois se mêlèrent aux gardes du roi, et un autre détachement des dragons alla se placer sur l'avenue de Paris, en face de la porte de la salle de l'Assemblée nationale.

Le comte d'Estaing, connaissant l'hostilité d'une partie de la garde nationale contre les gardes, ne lui donna aucun ordre ; ce qui n'empêcha pas Lecointre de faire battre la générale et de réunir ses compagnies à la droite des gardes-du-corps, devant la caserne des gardes-françaises.

A peine ces dispositions étaient-elles prises que les femmes de Paris entraient dans Versailles. Aussitôt qu'on les aperçut, le comte de Luxembourg demanda au roi s'il avait quelques ordres à donner à ses gardes :

« Allons donc, répondit le roi en souriant, pour des femmes, vous vous moquez de moi. » Telle était la confiance de Louis XVI !

Aussitôt que les femmes furent entrées dans la ville, Maillard, suivi d'un grand nombre d'entre elles, se dirigea vers la cour des Menus-Plaisirs et demanda à être introduit dans l'Assemblée.

L'agitation de la ville s'était aussi communiquée à l'Assemblée. Des allées et venues continuelles annonçaient quelque chose d'extraordinaire. C'est alors que Mirabeau, montant au bureau, eut avec Mounier, qui présidait, ce colloque célèbre : « Paris, dit Mirabeau, marche sur nous; trouvez-vous mal; allez au Château, donnez-leur cet avis; dites, si vous le voulez, que vous le tenez de moi; le temps presse, il n'y a pas une minute à perdre. — Paris marche, répondit Mounier, tant mieux, qu'on nous tue tous, mais tous, l'Etat y gagnera! — Le mot est vraiment joli, reprit Mirabeau, et il retourna à sa place. »

Après une longue discussion, l'Assemblée venait de décider que le président, à la tête d'une députation, irait demander au roi l'acceptation pure et simple des droits de l'homme et des articles de la Constitution, lorsqu'on annonça l'arrivée de Maillard et de ses femmes.

Pendant que Maillard et les femmes entrées dans la cour des Menus-Plaisirs demandaient à être introduits à la barre de l'Assemblée, le plus grand nombre avait suivi la rue Saint-Martin et envahissait la salle de l'Assemblée par la porte de la rue des Chantiers.

Le président Mounier, après avoir consulté l'Assemblée, avait ordonné de laisser entrer une douzaine de ces femmes pour entendre leurs doléances. Ecoutons le récit de Mounier (1) : « J'étais, dit-il, sur le point de lever la séance, lorsqu'on vint me dire que des femmes, arrivées de Paris, s'étaient présentées plusieurs fois à la porte de la salle, qu'elles demandaient à être entendues à la barre, et qu'elles voulaient contraindre les sentinelles à les laisser entrer. J'instruisis l'Assemblée de leur demande; il fut résolu de leur permettre l'entrée de la salle. Elles se présentèrent en grand nombre, ayant deux hommes à leur tête; l'un d'eux exposa que le matin on n'avait pas trouvé de pain chez les boulangers; que dans un moment de désespoir, lui, qui avait été soldat aux gardes-françaises, était allé sonner le tocsin, qu'on l'avait arrêté, qu'on avait voulu le pendre et qu'il devait la vie aux dames qui l'accompagnaient. L'autre ajouta qu'ils étaient venus à Versailles pour demander du pain, et en même temps pour faire punir les gardes-du-corps qui avaient insulté la cocarde patriotique; qu'ils étaient de bons patriotes; qu'ils avaient arraché toutes les cocardes noires qui s'étaient présentées à leurs yeux dans Paris et sur la route. Ensuite il en sortit une de sa poche en disant qu'il voulait avoir le plaisir de la déchirer aux yeux de l'Assemblée, ce qu'il fit aussitôt. Son compagnon ajouta : « Nous forcerons tout le monde à prendre la cocarde patriotique. » Ces expressions excitèrent quelques murmures de mécontentement. Il reprit : « Quoique vous en disiez, nous « sommes tous frères. » Je répondis qu'aucun membre de l'Assemblée ne voulait nier que tous les hommes ne dussent se considérer comme frères; que les murmures provenaient de ce qu'il avait menacé de forcer à prendre

(1) Fait relatif à la dernière insurrection.

Après avoir comparé tous ce qui a été écrit sur ce sujet, ce récit de Mounier m'a paru celui qui était le plus véridique.

la cocarde; qu'il n'avait le droit de forcer personne, et qu'il devait parler avec respect à l'Assemblée nationale. Il dit ensuite : « Les aristocrates veulent nous faire périr « de faim; on a envoyé aujourd'hui à un meunier un « billet de 200 livres en l'invitant à ne pas moudre et en « lui promettant de lui envoyer la même somme chaque « semaine. » L'Assemblée fit un cri d'indignation, et, de toutes les parties de la salle, on lui dit : *Nommez*. Je l'invitai à faire connaître le coupable en l'assurant qu'on procurerait une justice éclatante. Les deux harangueurs hésitèrent; ils finirent par raconter qu'ayant rencontré des dames dans une voiture, ils les avaient forcées à descendre, et que, pour obtenir la liberté de continuer leur route, elles leur avaient appris qu'un curé avait dénoncé ce crime à l'Assemblée nationale. Puis ils ajoutèrent : « On dit que c'est M. l'archevêque de Paris (de Juigné). » Chacun s'empressa de leur répondre que M. l'archevêque de Paris était incapable d'une pareille atrocité. Toute la troupe, parlant à la fois, demanda du pain pour la ville de Paris. Je leur dis que l'Assemblée voyait avec douleur la disette qui affligeait la capitale et qui provenait des obstacles mis à la circulation des grains; qu'elle n'avait rien négligé pour faciliter, par ses décrets, les approvisionnements de la ville de Paris; que le roi avait fait tous ses efforts pour assurer l'exécution de ses décrets; qu'on chercherait de nouveaux moyens pour faire cesser la disette; que leur séjour à Versailles ne la ferait pas cesser; qu'il fallait laisser l'Assemblée s'occuper avec liberté de ces soins importants, et que je les exhortais à se retirer en paix sans commettre aucune violence.

« Ma réponse ne parut point les satisfaire, et ils disaient : « Cela ne suffit pas, » sans s'expliquer davantage.

« Un membre de l'Assemblée dit qu'il fallait envoyer une députation chez le roi pour lui faire connaître la position malheureuse de la ville de Paris. Cette proposition fut adoptée. M. l'évêque de Langres, ancien président, prit le fauteuil. Je me mis en marche à la tête de cette députation. Aussitôt les femmes m'environnèrent en me déclarant qu'elles voulaient m'accompagner chez le roi. J'eus beaucoup de peine à obtenir, à force d'instances, qu'elles n'entreraient chez le roi qu'au nombre de six, ce qui n'empêcha point un grand nombre d'entre elles de former notre cortége. »

Pendant que tout ceci se passait dans l'Assemblée nationale, des scènes d'une autre nature avaient lieu dans la ville.

On a vu qu'une grande partie des femmes de Paris étaient entrées dans la salle de l'Assemblée nationale. Mais un plus grand nombre continua de s'avancer vers le Château. Bientôt une masse d'hommes, la plupart couverts de haillons, armés de bâtons et de piques, qui suivait à distance cette armée de femmes, déboucha en deux bandes, l'une par l'avenue de Paris, l'autre par Montreuil et l'avenue de Saint-Cloud, et rejoignit les femmes sur la place d'Armes. Toute cette masse sembla d'abord un peu surprise de l'appareil militaire qu'elle rencontra. Elle parut furieuse de ne pouvoir entrer au Château. Sa rage se tourna surtout contre les gardes-du-corps qu'elle accablait de grossières invectives. Les différents détachements de gardes qu'on avait envoyés à la recherche du roi arrivaient en ce moment; ils furent insultés et attaqués. Une pique, lancée contre un garde qui accourait au galop rejoindre son escadron, tomba entre les jambes de son cheval et l'abattit. Le garde tomba, et déjà toute la populace courait pour s'en emparer, lorsqu'il fut dégagé par M. Desroches, capitaine de la garde nationale, arrivant avec sa compagnie. Il voulut ensuite s'emparer du jeune homme qui avait jeté la pique, mais la foule de peuple, hommes et femmes, se rua sur lui, et elle était si considérable qu'il fut obligé de le lâcher.

Pendant que la fureur de tout ce peuple se tournait contre les gardes-du-corps, le régiment de Flandres était l'objet des caresses de toutes les femmes. L'une d'elles entre autres, recouverte d'un manteau rouge (Théroigne de Méricourt), qui paraissait les diriger, parcourait les rangs des soldats, leur adressant des paroles flatteuses, les engageant à ne point s'opposer au peuple, et même distribuant de l'argent à plusieurs d'entre eux. Le plus grand nombre de ces femmes, enhardies par l'immobilité des gardes qui avaient ordre de ne point faire usage de leurs armes, s'avançaient jusque sous les pieds des chevaux, cherchant à se faire un passage pour arriver à la grille.

Tout à coup, un groupe de ces femmes, à la tête desquelles était un homme revêtu de l'uniforme de la garde nationale parisienne, que les dépositions nomment Burnout, s'élance sur les gardes. Burnout, le sabre à la main, effraie les chevaux. Ils s'écartent et le laissent passer. Mais, séparé des femmes qui n'ont pu le suivre, il se trouve seul entre la grille et les gardes-du-corps. Trois maréchaux des logis, MM. de Savonnières, d'Agoult et de Mondollot le poursuivent alors pour l'arrêter. Il se sauve du côté de la rue des Récollets, et, après avoir reçu quelques coups de plat de sabre, il se réfugie dans une des petites baraques adossées au mur de la cour du Château. Plusieurs gardes nationaux, placés devant la caserne des gardes-françaises, crient que les gardes veulent assassiner un des leurs; et au moment où les trois gardes-du-corps reviennent au pas rejoindre leur escadron, un garde national nommé Charpentier, marchand de vins dans la rue de la Chancellerie, en faction contre une barrière devant la caserne, les couche en joue, tire et casse le bras à M. de Savonnières, que l'on fait entrer dans la cour des Ministres, où le docteur Voisin, appelé en toute hâte, vient panser sa grave blessure dans l'appartement de M. de La Luzerne.

Lecointre était en ce moment à la tête des gardes nationaux réunis à la caserne des gardes-françaises. Loin de blâmer cet acte d'hostilité qui pouvait amener de terribles représailles, il va trouver les chefs des gardes, leur demande ce que la garde nationale doit espérer ou craindre d'eux; il ajoute que le peuple se croit en danger, et qu'on désire savoir comment on doit les regarder. Les gardes lui répondent que, malgré ce qui vient d'arriver à un des leurs, ils désirent vivre en bonne intelligence avec la garde nationale. Il court ensuite au régiment de Flandres. Déjà travaillés par les femmes de Paris, les soldats lui répondent qu'ils ne tireront jamais sur le peuple, et donnent aux gardes nationaux qui l'accompagnent une partie de leurs cartouches.

Rassuré sur les dispositions des gardes et certain que, dans le cas d'un conflit, le régiment de Flandres prendrait plutôt parti contre les gardes, il court au-devant de la populace armée de piques et de bâtons qui encombrait l'avenue de Paris. Arrivé au milieu d'eux, il demande à parler : *Vos frères de Versailles m'envoient vous demander quel sujet vous amène et ce que vous désirez ?* — *Du pain et la fin des affaires*, lui répond-on.

Un garçon perruquier, qui avait été son voisin, le reconnaît et le nomme. Aussitôt il est acclamé par ces hommes, dont plusieurs savaient déjà le nom du patriote Lecointre. Il leur dit alors qu'il va travailler à leur procurer des subsistances, et, accompagné d'une députation de ces hommes, il se rend à la municipalité. Il demande à l'Assemblée 600 livres de pain pour les *frères de Paris*, ce sont ses expressions. On fait observer qu'en ce moment il sera impossible d'avoir chez les boulangers une aussi grande quantité de pain, et l'on offre deux tonnes de riz qui sont dans les magasins. On les accepte, et on fait cuire ce riz en attendant que les boulangers, auxquels la municipalité vient d'enjoindre de cuire toute la nuit, puissent fournir assez de pain pour donner à tous ces gens.

Au moment où Lecointre se rendait à la municipalité, Mounier sortait de l'Assemblée nationale, escorté de la députation des femmes : « Nous étions à pied, dans la boue, avec une forte pluie, dit-il dans le récit déjà cité. Une foule considérable d'habitants de Versailles bordait de chaque côté l'avenue qui conduit au Château. Les femmes de Paris formaient divers attroupements, entremêlés d'un certain nombre d'hommes couverts de haillons pour la plupart, le regard féroce, le geste menaçant, poussant d'affreux hurlements. Ils étaient armés de quelques fusils, de vieilles piques, de haches, de bâtons ferrés ou de grandes gaules, ayant à l'extrémité des lames d'épées ou des lames de couteaux. De petits détachements de gardes-du-corps faisaient des patrouilles et passaient au grand galop, à travers les cris et les huées. J'appris en même temps que deux ou trois canons, amenés par les femmes de Paris et les hommes qui les avaient accompagnés, étaient placés sur l'avenue de Paris, et que ceux qui les environnaient arrêtaient les passants, leur demandant : *Êtes-vous pour la nation ?* Et pour récompense de leur réponse affirmative, leur faisaient garder les canons avec eux.

« Une partie des hommes armés de piques, de haches et de bâtons s'approchèrent de nous pour escorter la députation. L'étrange et nombreux cortége dont les députés étaient assaillis est pris pour un attroupement; des gardes-du-corps courent en travers; nous nous dispersons dans la boue; et l'on sent bien quel accès de rage durent éprouver nos compagnons, qui pensaient qu'avec nous ils avaient plus de droits de se présenter. Nous nous rallions et nous avançons ainsi vers le Château. Nous trouvons, rangés sur la place, les gardes-du-corps, le détachement des dragons, le régiment de Flandres, les gardes-suisses, les invalides et la milice bourgeoise de Versailles. Nous sommes reconnus, reçus avec honneur. Nous traversons les lignes, et l'on eut beaucoup de peine à empêcher la foule qui nous suivait de s'introduire avec nous. Au lieu de six femmes, à qui j'avais promis l'entrée du Château, il fallut en admettre douze.

« J'eus l'honneur de les présenter au Roi, de lui exposer l'affreuse situation de la capitale, les plaintes de ces femmes, l'assurance que nous leur avions donnée de faire tous nos efforts, de concert avec Sa Majesté, pour favoriser les approvisionnements de la ville de Paris, l'exhortation que nous leur avions faite de se retirer en paix et de ne commettre aucune violence, et je suppliai le roi de procurer des secours à la ville de Paris, si ces secours étaient en son pouvoir. Le roi répondit avec sensibilité. Il déplora le malheur des circonstances. Elles parurent émues (1). »

On n'avait laissé entrer que cinq femmes avec le pré-

(1) Faits relatifs à la dernière insurrection.

sident et la députation de l'Assemblée nationale, dans la chambre où était le roi. Parmi elles se trouvait une jeune ouvrière de dix-sept ans, nommée *Louise Chabry*, qui parla au roi après le président. Voici dans sa déposition ce qu'elle dit de cette visite : « Cinq d'entre nous ont été introduites avec des députés chez le roi ; c'est moi qui ai eu l'honneur de porter les doléances des femmes et du peuple au roi, pour lui demander du pain et des subsistances. Sa Majesté m'a reçue avec une très grande affabilité et nombre de bontés; je me suis trouvée mal dans l'appartement du roi; Sa Majesté m'a fait donner du vin dans un grand gobelet d'or; on m'a fait respirer des eaux spiritueuses pour me faire revenir. » Revenue à elle, le roi lui parla avec bonté, lui dit qu'il allait donner les ordres les plus pressants pour assurer la subsistance de Paris, et lui fit donner des copies de ces ordres.

Quelques historiens ont attribué à M. de Saint-Priest un propos que, disait-on, ce ministre aurait tenu lors de l'entrée des femmes dans l'appartement du roi, et qui fut dénoncé par Mirabeau à l'Assemblée nationale : *Que voulez-vous*, aurait dit M. de Saint-Priest, à ces femmes? *Du pain*, auraient-elles répondu. *Quand vous n'aviez qu'un maître*, lui fait-on dire, *vous n'en manquiez pas; à présent que vous en avez douze cents, vous voyez où vous en êtes*. Rien dans l'enquête faite par le Châtelet et par la commission de l'Assemblée ne vient confirmer la dénonciation de Mirabeau ; ce qui peut-être a donné lieu à cette histoire, c'est une conversation tenue par ce ministre avec une de ces femmes, et qui aura été mal interprétée.

Quand on annonça au roi la députation de l'Assemblée nationale et des femmes de Paris, il était en conseil avec les ministres. Le roi passa aussitôt dans sa chambre à coucher pour les recevoir. Parmi celles des femmes qui ne furent pas introduites se trouvait une bouquetière d'une vingtaine d'années, nommée *Françoise Rolin*, qui raconte ainsi dans l'enquête ce qui lui arriva dans le Château : « On est venu dire à M. Mounier d'entrer dans la pièce ou était le roi. J'ai voulu entrer avec lui, mais je fus repoussée violemment par un suisse des douze. Je fus renversée à terre, où je reçus plusieurs coups de pied; j'ai été relevée par M. le comte d'Estaing, qui m'a fait asseoir sur une banquette, et comme je pleurais, M. le comte d'Estaing m'a dit : *Tu pleures parce que tu n'as pas vu le roi!* Et alors il me prit par la main, me conduisit dans un appartement, au milieu duquel il y avait une grande table couverte d'un tapis vert, et où étaient debout M. le garde des sceaux, un monsieur qu'on m'a dit être M. de Saint-Priest, M. le duc de Gesvres, et d'autres seigneurs que je ne connais pas. Là, M. de Saint-Priest me demanda *ce que nous venions faire;* je lui répondis *que j'avais été forcée par plusieurs dames de venir à Versailles.* Il me demanda *pour quels motifs;* je lui répondis *que nous venions pour apprendre au roi que sa bonne ville de Paris manquait de pain.* M. de Saint-Priest me dit alors : *Pourquoi n'en avez-vous pas été demander à la ville!* je lui répondis : *Nous y avons été et nous n'avons trouvé personne.* Il me dit : *Il fallait apporter les clefs après avoir fermé les portes, pour faire voir au roi que sa ville était bien gardée.*

Munies des ordres que le roi avait remis à Louise Chabry, les femmes sortirent joyeuses des appartements, en criant : Vive le roi! « Descendues dans les cours, continue Louise Chabry dans sa déposition, et après avoir passé la grille pour rendre compte aux femmes qui étaient en dehors de cette grille, j'eus à peine prononcé quelques paroles que des femmes qui étaient là m'ont maltraitée de coups de pieds et de poings, m'ont passé une jarretière au cou pour me pendre à un réverbère, en prétendant que j'avais reçu du roi vingt-cinq louis; et sans le secours de plusieurs gardes du roi et d'autres personnes honnêtes qui m'ont secourue et sauvée, j'aurais perdu la vie. »

Après cette scène terrible, dans laquelle Louise Chabry et Françoise Rolin, grâce à l'intervention des gardes échappèrent à la mort, elles retournèrent au Château pour prier le roi de signer les ordres dont on leur avait donné copie, car c'était le manque de signature du roi qui avait été une des causes de la colère des femmes contre leurs mandatrices. Le roi les reçut de nouveau, eut la bonté d'apposer sa signature au bas de ces ordres, et les remit à un député qui, escorté de ces femmes, alla les porter à l'Assemblée nationale.

Une foule considérable suivit les femmes et encombra l'avenue de Paris. La masse d'hommes et de femmes qui remplissait la cour des Menus-Plaisirs et assiégeait les portes de la salle de l'Assemblée nationale, fit craindre qu'on ne se portât à quelque violence. Le commandant des dragons, M. de Cuverville, chargé de veiller à la sûreté des députés, demanda du renfort. Un détachement des gardes-du-corps vint se joindre à sa troupe. A sa vue, des huées, des cris de mort partent de toutes parts; on braque sur eux des canons, et les dragons sont obligés de les entourer pour favoriser leur retraite. Un des gardes resté un peu en arrière est poursuivi par la foule, une pierre le blesse au visage, et deux coups de fusil lui sont tirés dans sa fuite.

L'intérieur de la salle de l'Assemblée ressemblait plus à une salle de spectacle le jour d'une représentation gratis qu'à la salle des députés de la nation. Toutes les tribunes et la plupart des bancs des députés étaient envahis par des hommes la plupart en haillons, et par des femmes de la Halle. On parlait haut, on s'interpellait, et l'on entendait à peine les paroles des orateurs. Cependant le silence s'établit lorsque le président lut la réponse que le roi avait remise au député qui avait accompagné les femmes. Elle était conçue en ces termes : « Je suis sensiblement touché de l'insuffisance de l'approvisionnement de Paris. Je continuerai à seconder le zèle et les efforts de la municipalité par tous les moyens et toutes les ressources qui sont en mon pouvoir,et j'ai donné les ordres les plus positifs pour la circulation libre des grains sur toutes les routes, et le transport de ceux qui sont destinés pour ma bonne ville de Paris. — Signé : Louis. »

L'Assemblée, s'associant à la pensée du roi et voulant également venir au secours de Paris, autant qu'il était en son pouvoir, rendit un décret pour assurer la police des marchés, faciliter le transport des blés, lever les obstacles qui en gênaient la circulation dans l'intérieur du royaume, et engager les municipalités des environs à faire porter du pain dans la capitale par les boulangers de leurs arrondissements.

La réponse du roi et le décret que venait de rendre l'Assemblée, furent accueillis par des applaudissements et des transports de joie.

Maillard et les femmes qui avaient été en députation chez le roi demandèrent des expéditions de la réponse du roi, et du décret, et se rendirent sur l'avenue de Sceaux, aux messageries du roi, où ils se firent donner des voitures dans lesquelles ils retournèrent à Paris porter ces décrets à la municipalité.

Depuis ce moment, ce fut un tumulte général dans la

salle. Les hommes et les femmes se levaient en criant. Les uns demandaient que le pain de quatre livres fût fixé à huit sols ; d'autres, qu'on mît la viande à six sols la livre. Des motions de toute nature partaient de tous les points de l'Assemblée au milieu des cris de : Vive la nation ! et d'imprécations contre les gardes-du-corps et contre la reine. Puis des femmes se levèrent, allèrent embrasser plusieurs députés, et forcèrent l'évêque de Langres, Guillaume de La Luzerne, qui présidait en l'absence de Mounier, de recevoir aussi leurs embrassades. Alors, le président, voyant qu'il lui était impossible de rétablir l'ordre, leva la séance.

Dans la ville, le désordre continuait. Les femmes et les hommes à piques ne cessaient de poursuivre et d'insulter les gardes-du-corps qui, comme les autres troupes, avaient reçu l'ordre de ne point faire usage de leurs armes. La générale, battue dans toutes les rues, avait successivement amené sur la place d'Armes la plus grande partie de la garde nationale. Mais beaucoup de gardes nationaux, effrayés de l'exaspération des compagnies réunies par Lecointre et de leurs dispositions hostiles contre les gardes-du-corps, s'étaient retirés.

Après le départ des femmes, Mounier était resté au Château. Il fit part aux ministres de la délibération de l'Assemblée, les chargeant de demander au roi son acceptation pure et simple des articles de la Constitution et de la déclaration des droits. Il leur représenta que dans cet état de trouble, qui pouvait à chaque minute devenir plus alarmant, ils devaient épargner au roi les embarras d'une nouvelle députation ; qu'étant chargé, comme président, d'obtenir l'acceptation pure et simple, il lui était impossible d'en différer la demande ; qu'il serait dangereux d'hésiter ; que le moindre délai serait pris pour un refus et pourrait allumer la fureur des Parisiens qu'on ne manquerait pas d'en instruire. Il leur dit enfin que si le roi lui accordait cette acceptation, on l'annoncerait au peuple comme un grand bienfait, ce qui diminuerait l'effervescence (1). Le roi réunit de nouveau ses ministres, et Mounier attendit la fin de la délibération.

Dans le reste du palais, tout était dans la plus vive anxiété. Les cris de haine que la populace vomissait contre la reine faisant craindre pour ses jours, on donna des ordres pour préparer son départ et celui du dauphin. Les voitures du roi sortirent des Petites-Écuries et se présentèrent à la grille de l'Orangerie, tandis que celles de la reine, parties des écuries de la rue de la Pompe, arrivaient à la même heure à la grille du Dragon.

Un poste de la garde nationale, placé par les ordres de Lecointre à chacune de ces grilles, s'opposa à leur sortie de la ville et les força à retourner aux écuries. Du reste, les préparatifs de départ s'étaient faits sans que la reine le sût, et lorsqu'on lui en parla, elle déclara avec énergie qu'elle préférait mourir aux pieds du roi, et qu'elle ne le quitterait jamais.

On venait de recevoir une dépêche de Lafayette, partie dans la matinée, quand il croyait avoir assez d'influence sur la garde nationale de Paris pour l'empêcher de sortir de la capitale. Cette dépêche avait un peu calmé les alarmes; la nuit approchait; la pluie tombait, et l'on espérait que le mauvais temps allait dissiper cette émeute. Le comte d'Estaing vint lui-même pour donner l'ordre à la garde nationale de se retirer. A peine fut-il

(1) Faits relatifs à la dernière insurrection.

entré dans la caserne des gardes-françaises que plusieurs gardes nationaux lui reprochèrent de les avoir abandonnés, et l'on alla même jusqu'à le menacer. M. d'Estaing venait de partir, et déjà plusieurs compagnies avaient exécuté l'ordre de se retirer, lorsque Lecointre arriva. Il venait de la municipalité, où il s'était déjà présenté plusieurs fois dans la journée. Depuis le moment où la municipalité avait donné ses pleins pouvoirs à M. le comte d'Estaing pour repousser l'attaque des Parisiens, le général n'était pas revenu. Ne voyant de tous les chefs de la garde nationale que Lecointre, toujours accompagné de quelques-uns de *ses frères de Paris*, elle lui fit remettre l'ordre suivant :

« L'Assemblée municipale laisse M. Lecointre maître de faire tout ce qu'il jugera convenable pour la tranquillité.

« Versailles, 5 octobre 1789.

« Signé : LOUSTONNEAU, *président.* »

Muni de cet ordre, Lecointre vint rejoindre la garde nationale. Il commanda aussitôt à ceux qui restaient de ne quitter qu'après le départ des gardes-du-corps. L'ordre de se retirer avait été donné à toutes les troupes rangées sur la place d'Armes. Le régiment de Flandres quitta la place et se retira dans la cour des Grandes-Écuries. Les gardes-du-corps défilèrent à leur tour. Une partie prit l'avenue de Saint-Cloud pour se rendre à l'hôtel de Charrost, et le plus grand nombre se dirigea vers l'avenue de Sceaux, pour gagner l'hôtel des Gardes, rue Royale. Ils défilèrent, accompagnés des cris et des huées de la multitude. Les derniers surtout furent accablés d'injures, et l'on alla jusqu'à leur jeter de la boue. L'un d'eux se retourne alors et tire sur cette foule un coup de pistolet. La garde nationale y répond aussitôt par une décharge qui blesse un cheval et en tue un second. Le garde montant ce dernier, M. de Moucheron, tombe à terre; les femmes l'entourent, s'emparent de lui et menacent de le tuer. Deux officiers de la garde nationale, MM. Durupt de Baleine et Raisin accourent à son secours, accompagnés de quelques gardes nationaux. Ils s'en emparent, annoncent qu'ils vont le faire juger par un conseil de guerre, le font entrer dans la caserne des gardes-françaises, et le font évader par la rue de la Chancellerie.

Les gardes nationaux qui venaient de tirer sur les gardes-du-corps reviennent à la caserne en demandant des munitions. On oblige le garde d'artillerie, M. de La Tontinière, à donner un baril de poudre. Lecointre fait venir deux canons, on les charge et on les dirige contre l'avenue de Sceaux, pour foudroyer les gardes s'ils voulaient revenir de ce côté.

Au moment où tout ceci se passait, une députation de quarante gardes-du-corps, à la tête desquels était le duc de Luxembourg, était en marche pour se rendre à la caserne des gardes-françaises. Ils étaient sans armes, et venaient pour s'expliquer avec la garde nationale. Ils étaient très près de la grille de la cour des Ministres, lorsque le comte d'Estaing, qui rentrait, les fit remonter au Château, leur racontant les dangers qu'il venait lui-même de courir et ceux qu'allait affronter la députation si elle continuait sa marche.

Les gardes-du-corps venaient à peine d'arriver à leur hôtel, qu'ils apprirent que le peuple se disposait à les y attaquer. Leur commandant, le duc de Guiche, les fit remonter à cheval. Ils se dirigeaient au pas vers le

Château, par l'avenue de Sceaux, lorsqu'ils furent prévenus des dispositions que venaient de prendre la garde nationale et le peuple. Pour éviter un conflit sanglant, ils se mirent immédiatement au galop, remontèrent la rue de Satory, s'engagèrent en partie dans la rue du Vieux-Versailles, en partie dans la rue de l'Orangerie, et gagnèrent le Château par la rue de la Surintendance (Bibliothèque). Arrivés dans la cour des Ministres, ils s'y rangèrent de nouveau en bataille. Tous les gens à piques et les femmes, furieux qu'ils leur eussent échappé, vinrent se ruer contre la grille en poussant des vociférations, et le poste des suisses fut obligé de garder la grille qu'ils menaçaient de forcer.

La ville avait alors un aspect sinistre. La pluie continuait de tomber et la nuit était très obscure. Les boutiques étaient fermées, à l'exception des boulangers et de quelques marchands de vin. Tous les habitants étaient renfermés chez eux. Les réverbères placés de distance en distance servaient seuls de guides dans les rues noires et obscures. Elles étaient parcourues par des patrouilles de la garde nationale, par les femmes de Paris et par des hommes déguenillés, armés de bâtons et de piques, frappant à toutes les portes et demandant partout à boire et à manger.

La grande masse de ces gens était toujours sur la place d'Armes, dans la caserne des gardes-françaises dont ils s'étaient emparés après le départ de la garde nationale, dans l'avenue de Paris et autour de l'Assemblée nationale, dont la salle leur servait de quartier général.

Plusieurs gardes-du-corps, après avoir mis leurs chevaux aux écuries de l'hôtel de Charrost, allaient rejoindre leurs camarades à l'hôtel des Gardes. Après avoir traversé la cour du Chenil, ils prirent le passage du Grand-Maître. Aperçus par des hommes de Paris, on leur tira quelques coups de fusil. Ceux qui étaient encore à l'hôtel de Charrost, prévenus de ce qui se passait, délibérèrent sur la route à prendre. Ils descendirent alors l'avenue de Saint-Cloud et traversèrent la place d'Armes. Arrivés à la hauteur de l'avenue de Paris, ils furent attaqués par une quantité d'hommes armés de fusils et de piques. Ils se dipersèrent. La plupart se sauvèrent vers le Château et arrivèrent dans la cour des Ministres, mais non sans avoir reçu quelques blessures, et entre autres M. Guéroult de Berville, qui reçut un violent coup de bâton sur la tête au moment où il allait entrer dans la cour.

Entre neuf et dix heures, un aide-de-camp de Lafayette vint annoncer son arrivée prochaine à la tête de la garde nationale parisienne.

Mounier était toujours resté au Château, attendant la réponse du roi à la délibération de l'Assemblée nationale. Plusieurs fois il fit prévenir le conseil des ministres qu'il allait se retirer, et toujours on l'engageait à attendre. « Enfin, dit Mounier (1), je fus appelé près du roi; il prononça *l'acceptation pure et simple*. Je le suppliai de me la donner par écrit. Il l'écrivit et la remit dans mes mains... Je revins avec plusieurs députés qui m'avaient attendu. Je crus qu'en entrant dans la salle je retrouverais l'Assemblée, bien persuadé que jamais aucune circonstance n'avait exigé plus impérieusement sa présence et ses délibérations. Quelle fut ma surprise de voir la salle remplie de femmes parisiennes et de leurs compagnons ! Mon arrivée parut leur causer une grande sa-

(1) Faits relatifs à la dernière insurrection.

tisfaction. Elles me dirent qu'elles m'avaient attendu avec beaucoup d'impatience. L'une d'elles, qui s'était emparée du fauteuil du président, voulut bien me céder la place. Je cherchais vainement des yeux les députés; j'en aperçus seulement quelques-uns qui étaient restés par curiosité, et qui m'apprirent qu'en mon absence on avait porté un décret sur les grains, mais que la foule qui s'était introduite dans la salle avait bientôt causé du tumulte; que le peuple délibérait avec les députés, et enfin qu'il avait fini par vouloir que l'Assemblé diminuât considérablement le prix du pain, de la viande et des chandelles; qu'alors l'Assemblée s'était retirée. »

Il était dix heures, Mounier écrivit aux officiers municipaux (1), les priant de faire battre la caisse dans toutes les rues de Versailles pour avertir les députés de se rendre à l'Assemblée.

Pendant ce temps, il annonça à tout ce peuple l'acceptation faite par le roi des articles de la Constitution. On applaudit avec transport, puis les femmes demandèrent *si cela était bien avantageux? Si cela ferait avoir du pain aux pauvres gens de Paris!* Qu'en attendant elles mouraient de faim et n'avaient rien mangé de tout le jour. Mounier fit alors chercher tout le pain qu'on put trouver chez les boulangers; on le distribua avec des cervelas, du vin et de l'eau-de-vie. La salle ressemblait alors à une grande salle de festin.

Pendant ce repas, un officier de la garde nationale parisienne vint annoncer à Mounier que Lafayette allait arriver et qu'il se présenterait à l'Assemblée. Mounier chargea alors M. Goui-d'Arcy d'aller au-devant du gé-

(1) Cette demande est écrite sur un petit morceau de papier qui se trouve dans la collection d'autographes de la Bibliothèque de la ville de Versailles.

M. Le président de l'assemblée nationale
prie M.M. les officiers municipaux
de faire battre la caisse pour inviter M.M.
les députés à se réunir dans la salle générale
Vlles 5 octobre 1789.

Mounier président de l'ass. nat.

néral, et de lui faire connaître l'acceptation donnée par le roi, afin qu'il en instruisît ses troupes.

Aussitôt qu'on sut au Château l'arrivée de la garde nationale parisienne, on donna l'ordre aux gardes-du-corps, pour éviter toute espèce de conflits, de quitter la cour des Ministres et de se rendre sur la terrasse, en face de l'appartement de la reine.

Pendant l'absence du duc de Guiche, qui était remonté au Château pour demander des ordres, le marquis de Vilaines avait pris le commandement; il fit porter l'escadron sur le Tapis-Vert, en laissant quelques vedettes sur les terrasses. Le duc de Guiche était resté au Château jusqu'à deux heures du matin sans pouvoir obtenir aucun ordre. Cependant le comte d'Estaing lui avait dit qu'il ne croyait pas que les gardes pussent sans danger rentrer dans leur hôtel avant le jour. Il alla, sur cet avis, retrouver les gardes, et les fit retirer à Trianon pour y passer la nuit.

Quand Lafayette arriva, il était près de minuit. Entré à l'Assemblée, où il parut étonné de trouver plus d'hommes et de femmes venus de Paris que de députés, il dit à Mounier qu'on pouvait être rassuré sur les suites de cet événement, que plusieurs fois il avait fait jurer à ses troupes de rester fidèles au roi et à l'Assemblée nationale, de leur obéir, de ne faire et de ne souffrir aucune violence. « Je lui demandai, dit Mounier (1), quel était l'objet d'une pareille visite, et ce que voulait son armée. Il me répéta que, quel qu'eût été le motif qui avait déterminé sa marche, puisqu'elle avait promis d'obéir au roi et à l'Assemblée nationale, elle n'imposerait aucune loi; que cependant, pour contribuer à cal-

(1) Faits relatifs à la dernière insurrection.

mer le mécontentement du peuple, il serait peut-être utile d'éloigner le régiment de Flandres, et de faire dire par le roi quelques mots en faveur de la cocarde patriotique. »

Il se retira ensuite pour aller chez le roi. Les appartements du Château étaient remplis de monde ; on attendait avec anxiété l'arrivée du général, et l'on cherchait à lire sur son visage si ses dispositions étaient hostiles ou pacifiques. Il traversa d'un air calme, accompagné de deux commissaires désignés par la commune de Paris, et entra immédiatement dans le cabinet du roi. Il lui rendit compte de tout ce qui était arrivé et de la disposition de son armée, et en reçut l'ordre de faire prendre par la garde nationale parisienne les postes occupés autrefois par les gardes-françaises ; les gardes-du-corps, les suisses et les cent-suisses devant conserver les leurs. Il retourna à la tête de sa colonne pour faire exécuter cet ordre, et la garde nationale s'empara aussitôt des postes qui lui étaient confiés.

Lafayette venait de quitter Mounier quand celui-ci fut prévenu que le roi désirait qu'il se rendît au Château avec le plus grand nombre possible de députés. Un bon nombre, avertis par le tambour, étaient arrivés. Mounier les réunit et se rendit avec eux chez le roi, à travers la garde parisienne. « J'avais désiré, leur dit le roi, d'être environné des représentants de la nation, et de pouvoir profiter de leurs conseils au moment où je recevrais M. de Lafayette ; mais il est venu avant vous, et il ne me reste plus rien à vous dire, sinon que je n'ai point eu l'intention de partir, et que je ne m'éloignerai jamais de l'Assemblée nationale. »

Après ces paroles du roi, les députés retournèrent à l'Assemblée.

« Nous passâmes, dit un député (1), au milieu de deux lignes de troupes à huit hommes au moins de hauteur; ces deux lignes prenaient de la grille de la cour de Marbre jusqu'à celle des Menus et peut-être plus loin. » Le président pria les étrangers qui remplissaient la salle de se retirer dans les galeries, mais beaucoup restèrent malgré cela mêlés aux députés. Pour ne pas rester inactive, l'Assemblée discuta des lois criminelles. Ces discussions ennuyaient probablement beaucoup de ces femmes et de ces hommes qui n'y comprenaient rien; elles furent tout à coup interrompues par de violents cris : *Du pain, du pain, et pas tant de longs discours!* — *Je voudrais bien savoir*, s'écria Mirabeau d'une voix de tonnerre, *pourquoi l'on se donne les airs de nous dicter ici des lois.* On applaudit, et la discussion continua.

Pendant ce temps la garde parisienne, harassée de fatigue, couverte de boue et les habits traversés par la pluie qui n'avait cessé de tomber, cherchait partout des asiles. Les habitants de Versailles n'ayant aperçu, pendant tout le jour, que des hommes déguenillés et de mauvaises mines et des femmes de la même espèce, heureux de voir enfin des visages calmes et honnêtes, les reçurent avec joie et en logèrent beaucoup. Mais à cette heure il était difficile de se faire ouvrir les maisons, et le plus grand nombre fut obligé de chercher un refuge dans les églises. Saint-Louis, Notre-Dame, les Récollets en reçurent une grande partie. Le bataillon des Feuillants alla loger à l'hôtel des Fermes, rue Saint-François (de Gravelle) (2). Celui des Petits-Pères vint occuper l'hôtel des Gardes-du-Corps. Une vingtaine de

(1) M. de la Châtre.
(2) Voir n° 22, pl. 1.

gardes y étaient restés. Quand le bataillon se présenta pour y passer la nuit, M. de Saint-Georges, qui commandait l'hôtel, fit ouvrir les portes, fit faire du feu dans les salles, fit donner à manger aux gardes nationaux et les reçut avec cordialité.

La nuit avançait, il était près de trois heures du matin, les gardes nationaux de Paris s'étaient emparés des postes, faisaient des patrouilles dans la ville, et ceux qui n'étaient pas de service se reposaient. Les femmes et les hommes à piques s'étaient endormis dans la salle de l'Assemblée nationale, dans la caserne des gardes-françaises qu'ils avaient envahie, dans les cabarets, ou avaient cherché un refuge dans les rues éloignées de la ville ; le calme paraissait établi. Lafayette vint alors à l'Assemblée, donna les assurances les plus positives du bon ordre et de la tranquillité générale, et le président leva la séance, en la renvoyant au lendemain, à onze heures du matin.

Dès que Lafayette sut que la garde nationale s'était établie dans l'hôtel des Gardes-du-Corps, il alla trouver le comte de Luxembourg et le marquis d'Aguesseau, et, les prévenant de ce qui venait d'arriver, leur fit sentir que la rentrée des gardes à Versailles était impossible, et qu'ils devaient même éviter de se laisser surprendre.

Aussitôt le comte de Luxembourg leur dépêcha par les jardins un garde qu'il fit habiller en bourgeois pour leur annoncer cette nouvelle. Indécis sur ce qu'ils devaient faire, ils se hâtèrent de quitter Trianon où ils auraient pu être surpris, et gagnèrent la route de Rambouillet.

Ils suivirent lentement cette route, espérant toujours recevoir quelques ordres. Arrivés devant Rambouillet, les habitants refusèrent de les recevoir, prétextant qu'ils étaient suivis de l'armée parisienne qui pourrait mettre tout à feu et à sang dans la ville. Ils furent obligés d'aller à Saint-Léger, et ne revinrent que le lendemain à Rambouillet.

En sortant de l'Assemblée nationale, Lafayette se rendit chez le roi. Il était couché. Alors le général remonta à cheval et parcourut la ville. Tout y était tranquille. Il revint ensuite au Château et resta chez M. de Montmorin jusqu'à plus de cinq heures du matin. En sortant, il s'assura de nouveau de l'état de la ville et du Château, puis il se retira à l'hôtel de Noailles, rue de la Pompe (1), où se trouvaient le duc d'Aumont, major général de la garde nationale, et l'état-major de cette garde, et se jeta sur un lit pour prendre quelques instants d'un repos bien mérité, depuis près de dix-sept heures qu'il était à cheval.

Dans les dépositions faites dans l'enquête du Châtelet sur ces journées, on trouve une conversation qui montre quel faible empire les chefs de la garde nationale avaient sur leur troupe, quelles étaient leurs espérances en venant à Versailles, et que nous croyons bon de rapporter ici.

Aussitôt après son arrivée à Versailles, Lafayette envoya son état-major à l'hôtel de Noailles, où il établissait son quartier général. L'entrée de l'état-major dans l'hôtel fit beaucoup de bruit et réveilla un capitaine d'infanterie, nommé Chauchard, qui y demeurait. Il se leva, mit la tête à la fenêtre, et ayant aperçu deux gardes nationaux en sentinelles à la porte de l'hôtel, il descendit pour prendre des informations. Comme il allait entrer chez le concierge, il en vit sortir M. de Gouvion. Celui-ci voyant son étonnement : « Eh quoi ! mon ami, lui dit-il, vous

(1) Voir n° 20, pl. 1.

êtes étonné de me voir ici ! » Alors M. Chauchard lui ayant demandé ce que tout cela voulait dire : « Cela veut dire, lui répondit-il, que vous avez besoin de secours ; que vous en avez demandé et que nous vous en avons amené. Nous sommes ici à la tête de vingt mille hommes. » Puis, gagnant le fond de la cour, M. de Gouvion lui dit : « Actuellement, que me demandez-vous ? — Je vous demande, mon ami, de me dire comment tout cela finira. — Vous me faites là une grande question ; si vous m'aviez demandé ce matin par où je finirais, je vous aurais dit que je finirais par être pendu ; car, pendant trois heures, je m'étais arrangé pour cela. » Et il lui rendit compte de tout ce qui s'était passé à Paris le lundi matin. « Et M. de Lafayette, ajouta M. Chauchard ? — Il a couru au moins autant de risques que moi ; il est ici. » Et comme M. Chauchard lui montrait son étonnement, en disant : « Comment! M. de Lafayette est venu avec tout ce monde-là pour faire le roi prisonnier ! » M. de Gouvion lui répondit : « Il a bien fallu qu'il y vînt, on l'y a forcé. » Et il ajouta : « Mais pourquoi la cour ne s'en est-elle pas allée ? — Vous avez envoyé un courrier à la cour qui a annoncé que l'Hôtel-de-Ville était repris, que M. de Lafayette commençait à être maître des troupes, et que la tranquillité se rétablissait à Paris. » Ce à quoi M. de Gouvion répondit : « Vous devez avoir reçu par un courrier, sur les neuf heures du soir, avis que le désordre s'était remis dans les troupes, et que M. de Lafayette marchait à leur tête; au reste, les gardes-françaises sont contents, les postes sont repris, nous repartirons demain matin, et le roi sera le maître d'aller où il voudra et de faire ce qui lui plaira. » Espérance que fit bientôt évanouir la journée du lendemain.

III

Le 6 octobre, à cinq heures du matin, tout était calme dans Versailles et dans le Château, ainsi que le constatent les visites de Lafayette, les patrouilles de la garde nationale dans la ville, et des cent-suisses dans les cours du Château ; et à cinq heures trois quarts, tout y était dans le désordre le plus affreux.

Pour comprendre l'invasion du Château qui va avoir lieu, il faut expliquer certaines particularités.

Pendant la journée du 5, toutes les grilles du Château avaient été constamment fermées et gardées en-dedans par des gardes-du-corps, en sorte que le peuple n'avait pu s'y introduire. Il n'en fut pas ainsi le lendemain.

Lorsque les gardes-françaises faisaient leur service auprès du roi, ils étaient chargés principalement de la garde de la grille de la cour des Ministres ou cour d'entrée, de celle de la cour des Princes, et des dehors du Château du côté des jardins. Pour faciliter leur service, on était dans l'usage de laisser ouvertes la grille de la grande cour, celle des Princes et les portes du bas de l'escalier des Princes, par où ils passaient dans le parc pour relever leurs sentinelles. Quand il fut décidé dans la nuit du 5 que les anciens gardes-françaises, faisant partie de la garde nationale parisienne, reprendraient leurs postes, les grilles des Ministres et des Princes furent ouvertes comme autrefois.

Vers cinq heures et demie, un grand nombre de femmes, couchées, pendant la nuit, dans la caserne des gardes-françaises, se répandirent dans la place d'Armes. Plusieurs d'entre elles se hasardèrent à entrer dans la cour des Ministres, dont la grille était gardée par deux gardes nationaux qui ne s'opposèrent point à leur entrée. Voyant ouverte la grille des Princes, gardée aussi par deux gardes nationaux, elles la franchirent et entrèrent dans le parc par le bas de l'escalier des Princes. Bientôt la place d'Armes se couvrit d'hommes à piques et de femmes venant de tous côtés. La plupart suivirent les premières femmes et vinrent se placer sous les fenêtres de l'appartement de la reine. Le bruit qu'elles firent réveilla cette princesse. Elle sonna sa femme de chambre, Mme Thibault. Celle-ci était déjà allé voir ce qui occasionnait ce bruit. Mme Thibault lui ayant dit que c'étaient les femmes de Paris, qui, n'ayant pas probablement trouvé à coucher, se promenaient, cette réponse parut tranquilliser la reine. Mme Thibault se retira et la reine resta dans son lit.

Toute cette horde d'hommes déguenillés et à mines féroces, arrivés de Paris dans la journée de la veille, parut alors de toutes parts. Armés de piques, de sabres, de fusils et de pistolets, ils envahirent la cour des Ministres en poussant des cris de vengeance contre les gardes-du-corps et contre la reine. Le major des gardes-du-corps, M. d'Aguesseau, fit placer plusieurs gardes au passage des Colonnades donnant entrée de la cour des Princes dans la cour Royale. Mais, en trop petit nombre pour s'opposer à la masse du peuple qui se précipitait par ce passage, ils furent bientôt repoussés. L'un d'eux, M. de Lisle, fut saisi par eux et aurait infailliblement été tué sans un garde national de Paris qui le prit sous sa protection et put le soustraire à leur rage. Tous ces forcenés se précipitèrent alors dans la cour Royale en poussant d'horribles cris. Une partie se porta vers la voûte de la Comédie où la sentinelle de la porte des appartements de Mesdames eut la présence d'esprit d'entrer dans le vestibule et de gagner les appartements du roi. L'autre partie, apercevant le garde qui était à la grille de la cour Royale, se précipita sur lui. En un instant, ce garde, nommé Deshutes, fut désarmé, accablé de coups, percé de coups de piques et de sabres, et traîné mourant jusqu'au bas de la cour des Ministres. Au milieu de tous ces misérables, on remarquait un homme de haute taille, ayant une longue barbe noire, couvert d'une espèce de jaquette portant une sorte de plaque blanche de chaque côté, coiffé d'un long chapeau pointu et armé d'une hache. Cet homme, qui servit plusieurs fois de modèle à l'Académie de peinture, était chiffonnier de son état et se nommait Nicolas Jourdan. Nicolas fendit le foule, arriva près du malheureux garde, posa son pied sur sa poitrine et lui trancha la tête avec sa hache. Cette tête fut placée sur-le-champ au bout d'une pique et promenée en triomphe dans la ville, pendant que le corps, porté près de la caserne des gardes-françaises, était jeté sur de la paille.

Tandis que cette horrible scène se passait dans les cours, la bande de forcenés, dirigée d'abord vers la voûte de la Comédie, était revenue sur ses pas et attaquait la porte de l'escalier de marbre. Les deux cent-suisses qui la gardaient furent désarmés, et la foule se précipita dans l'escalier. Les gardes, repoussés de la Colonnade, étaient accourus prévenir leurs camarades, et lorsque la populace arriva au haut de l'escalier, elle trouva sur le palier les gardes venus des salles du roi et et de la reine. M. Miomandre de Sainte-Marie, l'un d'eux, descendit trois ou quatre marches : « Mes amis, leur dit-il, vous aimez votre roi, et vous venez l'inquiéter jusque dans son palais. » Sans lui répondre, les premiers se jettent sur lui, le tirent à eux par sa bandoulière, et cherchent à le prendre par les cheveux. Alors ses camarades, le tirant de leur côté par son habit, lui font remonter les marches. Un des hommes du peuple saisit son mousqueton, et ce n'est que par une violente secousse qu'il se débarrasse de lui. Les gardes, voyant qu'ils ne peuvent résister à cette foule, s'enferment les uns dans la salle du roi, les autres dans la grande salle (salle du Sacre). Tous ces gens se précipitent alors sur la porte de cette salle et parviennent bientôt à briser un panneau du bas. Les gardes purent placer un grand coffre à bois devant ce trou, ce qui empêcha les envahisseurs d'entrer. Pendant ce temps, la porte de la salle des gardes de la reine venait de céder à leurs efforts. Ils s'y précipitent furieux, entrent par la porte de communication dans la grande salle, tombent sur les gardes, dont plusieurs peuvent se sauver et aller rejoindre leurs camarades dans la salle du roi, mais l'un d'eux, M. de Varicourt, frappé par derrière, tombe sanglant. Ils s'en emparent, lui font descendre l'escalier, le traînent par la grille des Princes dans la cour des Ministres. Là, au milieu d'une populace féroce qui demande sa mort, il tombe à terre accablé de coups. Il vivait encore et se débattait contre ses assassins quand Nicolas, qui reçut le surnom de coupeur de têtes, accourt et, de sa hache encore teinte du sang de son camarade, lui tranche la tête qui, placée au bout d'une pique, va rejoindre un nouveau trophée, celle du malheureux Deshuttes. On traîne ensuite son corps sur le pavé, et on le jette sur la paille auprès de celui de son camarade.

Au moment où le peuple venait de forcer la porte de la salle de la reine, l'un des gardes, M. du Repaire, entendant les cris que l'on poussait contre la reine, vint se placer en sentinelle à l'entrée de ses appartements. Aussitôt qu'on l'aperçut, hommes et femmes se ruèrent sur lui. Ils le saisirent par sa bandoulière, le jetèrent sur le parquet et le traînèrent ainsi jusqu'à la porte du grand escalier en le menaçant de lui couper le cou. Là, un de ces hommes voulut lui plonger une pique dans la poitrine. Du Repaire saisit avec force la pique entre ses mains, et l'autre, la tirant violemment à lui, le relève sur son séant. Alors, avec l'énergie que donne le désespoir, il désarme son adversaire. Puis, faisant usage de la pique, il pare les coups qu'on lui porte, et, apercevant entr'ouverte la porte de la salle du roi, il parvient à s'y rendre ; deux de ses camarades le saisissent par son habit et le font entrer tout meurtri dans cette salle. Au moment où la porte se refermait, un coup de pistolet, tiré probablement sur lui, renverse un de ses assaillants.

Pendant l'irruption du peuple dans la salle des gardes, M. de Miomandre s'était réfugié dans l'embrasure d'une croisée de la grande salle. Aussitôt que de là il vit M. du Repaire renversé et traîné vers le grand escalier, il accourut reprendre sa place. Ouvrant rapidement la porte de la première antichambre, il aperçut Mme Thibault, la première femme de chambre de la reine, qui, elle aussi, effrayée du bruit qu'elle entendait, ouvrait la porte de la pièce où elle se trouvait pour en connaître la cause : « Faites sauver la reine, lui cria-t-il, on en veut à ses jours, » et il referma la porte, pendant que de leur côté Mme Thibault et Mme Augué, autre femme de chambre de la reine, fermaient leur porte et poussaient les verrous. Un groupe de ces brigands vint alors sur lui; l'un d'eux lui lança un coup de pique qu'il put parer; mais cet homme, reprenant sa pique du côté du fer, lui donna par l'autre bout un coup qui le terrassa; alors un soldat, un de ses assaillants, prit son fusil par le petit bout et, avec la crosse, lui asséna sur la tête un coup qui l'étourdit et fit jaillir le sang. Le croyant mort, l'un d'eux le dépouilla de sa montre et tous regagnèrent la grande salle pour prendre les armes des gardes-du-corps. M. de Miomandre, revenu à lui et ne voyant plus personne dans la salle, se traîna vers le palier et put rejoindre ses camarades dans la salle du roi, d'où il arriva à l'Œil-de-Bœuf.

Pendant que tous ces gens s'occupaient dans la grande salle à prendre les armes des gardes-du-corps, M. de Virieu et quatre autres gardes entrent rapidement dans la première antichambre de la reine et referment la porte sur eux. La porte de la deuxième antichambre avait été fermée aux verrous par les femmes de chambre de la reine, comme on l'a vu. Ils frappèrent. Mais Mme Augué, ne sachant à qui elle avait affaire, ne voulait pas ouvrir. Enfin, après avoir parlementé par le trou de la serrure et s'être fait reconnaître, ils finirent par entrer. Une fois dans cette antichambre, ils se mirent en devoir d'en défendre l'entrée contre toute agression.

Mme Thibault était auprès de la reine. Aussitôt après le cri de M. de Miomandre, elle avait fait lever la reine, lui avait passé ses bas, un jupon, et lui avait jeté un mantelet sur les épaules. A peine les gardes venaient-ils d'entrer dans l'antichambre, qu'elle sortit, suivie de ses deux femmes de chambre, par la petite porte du pied de son lit, prit le couloir qui conduit à l'Œil-de-Bœuf, frappa à la porte de cette salle, que les valets de pied du roi lui ouvrirent, et passa chez le roi.

Le roi s'était mis au lit vers les deux heures du matin. Son premier valet de chambre, Thierry de Ville-d'Avray, était, suivant l'usage, couché dans sa chambre : « Je fus réveillé sur les six heures du matin, dit Thierry dans sa déposition, par des cris épouvantables; je me levai et j'aperçus dans l'obscurité le roi qui se levait de son côté. J'allai à la première fenêtre du cabinet de la Pendule, j'y vis des femmes en grand nombre, et des gens armés et habillés de toutes façons se précipiter à flots dans l'escalier qui monte à l'appartement de la reine. Le roi, qui s'était rendu à la même fenêtre, fut témoin, comme moi, de ce cruel spectacle. » Le duc de Luxembourg entra chez le Roi et plaça des gardes aux portes. Le roi passa rapidement un pantalon, et, presque en déshabillé, descendit dans le couloir qui va sous les appartements, et qu'on nomme le passage du roi pour se rendre chez la reine (1). Elle venait de se sauver par le couloir du haut.

Quand il parut dans sa chambre, il n'y trouva que les gardes qui y étaient entrés après le départ de la reine. Il leur demanda avec empressement et d'un air fort inquiet où était la reine; et lorsqu'ils lui eurent assuré qu'elle était passée chez lui, il les quitta promptement, prit alors le même chemin qu'avait suivi la reine, et la rejoignit dans sa chambre à coucher.

Au même moment où la reine se sauvait ainsi, M. le comte de Saint-Aulaire, effrayé pour le dauphin, alla réveiller Mme de Tourzel, sa gouvernante, et, lui racontant tout ce qui se passait, lui dit qu'il n'y avait pas un instant à perdre pour porter le dauphin chez le roi. Mme de Tourzel jeta sur elle un léger vêtement, et, pre-

(1) Voir pl. 3.

nant le dauphin dans ses bras, gagna l'Œil-de-Bœuf par les petits escaliers, et arriva en même temps que le roi dans son appartement.

Craignant aussi pour les jours de Madame Royale, le roi et la reine, ne se fiant qu'à eux-mêmes de cette délicate mission, descendirent par les mêmes escaliers chez leur fille, et ne respirèrent librement que quand toute la famille fut réunie dans la chambre du roi.

Le détachement de la garde nationale parisienne, qui avait passé la nuit dans l'église des Récollets (1), fut le premier averti de ce qui se passait au Château. Il arriva rapidement, sous la conduite de son commandant, le docteur Gondran, et se rangea dans la cour de Marbre, sous les fenêtres du roi, pour défendre de toute attaque cette partie du Château. C'était au moment où M. du Repaire se réfugiant dans la salle des gardes du roi, on venait de tirer un coup de pistolet qui avait tué l'un des agresseurs. «A peine arrivés, on apporta, dit M. Gondran dans sa déposition, le cadavre d'un ouvrier qui avait le crâne emporté. On lui posa la tête sur le haut de l'escalier de la cour de Marbre et les pieds vers le fond de la cour, et conséquemment sous les yeux de toute ma compagnie. Peu de temps après, un garde-du-corps fut amené par la populace, qui lui fit faire le tour de la cour de Marbre, et le conduisit ensuite près du cadavre, avec la démonstration de le sacrifier sur ce cadavre en expiation de l'assassinat de cet ouvrier, qu'ils disaient tous avoir été commis par un garde-du-corps qui l'avait tiré du haut de l'escalier de Marbre. L'apparence du crime qui allait être commis sur la personne de ce garde-du-corps me fit crier : *Souffrirez-vous qu'on commette un assassi-*

(1) Voir n° 25, pl. 1.

nat sous vos yeux? Tous s'écrièrent que non; ils sautèrent avec moi sur la bande de brigands, enlevèrent le garde-du-corps de leurs mains et le firent passer en sûreté dans les appartements du roi, où quelques-uns le conduisirent. »

Après les actes de cruauté commis sur les gardes des appartements de la reine, tous les efforts de la bande, qui avait envahi l'escalier de Marbre, se portèrent sur la salle des gardes du roi, où la plupart de ceux-ci s'étaient réfugiés. Les gardes, voyant que la porte allait céder sous leurs coups, se réfugièrent dans la salle de l'Œil-de-Bœuf, et amoncelèrent contre la porte tous les meubles qu'ils purent trouver sous leurs mains. Ils furent rejoints dans cette salle par les gardes disséminés dans les autres parties du Château, et s'apprêtèrent à se défendre. La porte de la salle du roi avait en effet cédé sous les coups des bandits; ils avaient envahi les autres salles et frappaient à coups redoublés contre la porte de l'Œil-de-Bœuf. Ils avaient déjà brisé des meubles, ouvert les fenêtres, et s'apprêtaient à les jeter dans la cour, lorsque le docteur Gondran fit avancer sa troupe, et, les faisant mettre en joue, menaça de les fusiller s'ils ne rentraient pas à l'instant. « Alors, dit-il (1), je donnai l'ordre à ma troupe de me suivre et montai l'escalier de Marbre, l'épée à la main, fis rebrousser les pillards qui emportaient des effets, fis déposer le tout dans la salle des gardes-du-corps, d'où ils avaient été enlevés, et de suite je m'emparai de la police depuis le bas de l'escalier de Marbre jusqu'à l'antichambre du roi, dite l'Œil-de-Bœuf. »

De ce moment, tout rentra dans l'ordre dans l'intérieur du Château.

(1) Même déposition.

Les gardes-du-corps renfermés dans l'Œil-de-Bœuf, qui, un instant avant, entendaient pousser contre eux des cris de mort, furent d'abord étonnés du silence qui leur succéda. Puis, rassurés par les paroles de paix que leur adressait le commandant de la garde nationale, ils ouvrirent, et les gardes nationaux, les plaçant au milieu d'eux, les assurèrent qu'ils les protégeraient au péril de leur vie.

A peine le général Lafayette venait-il de se jeter sur un lit de repos, qu'il est réveillé par l'annonce de l'invasion du Château. Impatient de savoir ce qui se passe, il ne se donne pas le temps d'attendre un cheval et court à pied vers le lieu du désordre. Il arrive au moment où la compagnie du capitaine Gondran s'emparait des appartements. Il envoya pour le soutenir la compagnie des grenadiers de l'Oratoire. Un cheval lui étant alors amené, il courut au milieu des groupes d'hommes et de femmes, réunissant les gardes nationaux et leur faisant protéger les gardes-du-corps isolés, dont ces groupes s'étaient emparés. Dans ce moment, la garde nationale parisienne commençait à arriver de toutes parts. Le bataillon des Feuillants, qui avait passé la nuit à l'Hôtel-des-Fermes, rue Saint-François, fut un des premiers réunis sur la place d'Armes.

La nouvelle des massacres du Château se répandait dans la ville, et les massacreurs, chassés du palais, se répandaient de tous côtés. Quelques gardes-du-corps, de ceux qui étaient restés à l'hôtel, voulurent rejoindre leurs camarades au Château. L'un d'eux, M. de Lukerque, poursuivi par quelques-uns de ces hommes, est saisi rue de l'Orangerie, meurtri de coups, et délivré de leurs mains par des gardes nationaux accourus de l'hôtel à son secours. Deux autres gardes-du-corps, M. Vaquier-Delamotte et M. d'Aubiac, qui étaient parvenus jusqu'à la rampe de l'avenue de Sceaux, sont saisis par plusieurs groupes de furieux qui les séparent, les frappent et poussent contre eux des cris de mort. M. Doazant, capitaine d'une compagnie du bataillon des Feuillants, les aperçoit; il accourt, suivi de plusieurs gardes nationaux; ils écartent la foule à coups de crosse, s'emparent des deux gardes-du-corps et les placent au milieu du bataillon et sous le drapeau. Un autre garde-du-corps, M. de Raymond, saisi par un groupe d'hommes et de femmes, fut dépouillé de ses habits, traîné vers la caserne des gardes-françaises, et ne dut son salut qu'à plusieurs gardes nationaux qui le défendirent contre les attaques de ces forcenés. Trois autres gardes-du-corps, protégés par la garde nationale, échappèrent encore à la fureur de la foule et purent arriver sous les drapeaux du bataillon des Feuillants.

Lafayette courait de tous côtés, stimulant l'ardeur de ses troupes pour réprimer le désordre et sauver les gardes-du-corps des mains de leurs assassins. Au moment où le bataillon de garde nationale qui avait passé la nuit à l'hôtel des gardes sortait de cet hôtel, les gardes-du-corps, au nombre de seize, qui s'y trouvaient, voulurent les suivre. Bientôt séparés par la foule, les cris les plus sinistres s'élevèrent autour d'eux. Déjà quelques-uns avaient été frappés par les hommes à piques, lorsque Lafayette, volant à leur rencontre, harangue le peuple, donne le temps à ses grenadiers d'arriver, de les entourer et de les soustraire à sa fureur. Les grenadiers les font entrer ensuite par l'avenue de Sceaux dans les Petites-Écuries, où ils restent jusqu'au départ du roi.

Les gardes-du-corps leur échappant partout, grâce à

l'énergie de la garde nationale, les brigands se rejetèrent sur ce qui leur appartenait. Une bande de ces hommes, la plupart déguenillés, armés de piques, de fusils, de bâtons et de toutes sortes d'outils, envahirent l'hôtel des gardes, pillèrent tous les effets qu'ils y rencontrèrent, et s'emparèrent des armes et des chevaux. Au même moment, une autre bande entrait à l'hôtel de Charrost, et l'on voyait ressortir les hommes qui la composaient, les uns coiffés des chapeaux des gardes, couverts de leurs armes, et un grand nombre montés sur leurs chevaux. La garde nationale, d'après les ordres de Lafayette, se porta rapidement sur tous ces points, fit évacuer ces hôtels, restituer les objets volés, reprit les chevaux et les fit rentrer à la grande écurie du roi, où ils restèrent sous sa garde.

D'autres scènes se passaient dans la ville. On a vu que MM. du Repaire et de Miomandre, quoique blessés, avaient pu se sauver des mains de leurs assassins et gagner la salle des gardes du roi. Tous deux inutiles à leurs camarades, à cause de leurs blessures, sortirent de l'Œil-de-Bœuf par la porte donnant sur la galerie des Glaces. A la porte de cette galerie, donnant chez le roi, le suisse des douze, qui gardait cette porte, prêta à M. de Miomandre un bonnet de laine, une redingote grise. Les deux gardes suivirent un autre suisse qui leur ouvrit les portes jusqu'au corridor de la Chapelle. Là, ils descendirent l'escalier qui conduit dans la cour de la Chapelle et entrèrent dans une cuisine, où deux femmes leur donnèrent des secours. M. de Miomandre eut alors une faiblesse qui dura quelques instants. Pendant ce temps, M. du Repaire put se procurer un habit de domestique, à l'aide duquel il sortit sans être reconnu. Il gagna Saint-Cloud, où il arriva chez un de ses amis, exténué de fatigue. M. de Miomandre, revenu de sa faiblesse, voulut prendre une chaise à porteur pour se rendre à l'Infirmerie royale (Hôpital civil). Mais, sur l'observation d'un garde-suisse, des dangers qu'il allait courir s'il sortait ainsi, et ne pouvant plus rentrer dans la cuisine qu'on avait fermée, il s'enfonça sous une voûte où, trouvant ouverte une porte de cave, il entra et s'assit sur les marches. Peut-être serait-il resté là fort longtemps s'il n'eût pas été aperçu d'un aide de cuisine du duc de Mouchy, qui en avertit le prince de Poix. On le fit alors entrer dans une chambre obscure, où le chirurgien du prince vint le panser. Enfin, le soir, à neuf heures, il put être transporté sans crainte à l'Infirmerie.

Pendant que la populace massacrait les gardes-du-corps dans la cour des Ministres, M. de Savonnières, qu'on savait dans l'appartement de M. de La Luzerne, ne fut point oublié. Des hommes à piques voulurent, à plusieurs reprises, forcer les portes du ministre, et quand le docteur Voisin vint le matin pour panser le blessé, les domestiques lui firent part de leurs craintes. Sans perdre un instant, le docteur lui fit prendre des habits de domestique, le fit mettre dans une chaise à porteur, descendre dans la rue opposée à la cour des Ministres, et l'accompagna lui-même jusqu'à l'Infirmerie. Plusieurs fois rencontrés dans la route par des gens de mauvaise mine qui demandèrent si ce n'était pas un garde-du-corps, les porteurs répondirent que c'était un pauvre que l'on menait à la Charité. Arrivés à l'Infirmerie, M. Voisin l'annonça comme un domestique et le fit placer dans les salles des pauvres. Heureuse précaution; car, au même instant, arrivait une bande de ces massacreurs armés de piques, de sabres et de fusils, qui voulaient entrer pour voir, disaient-ils, s'il y avait des gardes-du-corps. Il y en avait en ce moment quatorze à l'Infirmerie. La supérieure, sœur Favier, femme énergique et intelligente, sut les retenir assez longtemps en leur demandant des renseignements sur ce qui se passait et en leur faisant donner à boire. Pendant ce temps, elle fit prévenir les gardes, dont plusieurs se sauvèrent par le jardin du couvent des Ursulines (Lycée), et reçurent asile chez les religieuses; d'autres purent se cacher dans la maison; les plus malades furent couchés dans les salles des pauvres, et, grâce à son courage et à sa présence d'esprit, elle put les soustraire tous à la fureur de ces gens.

On pense bien qu'au milieu de ce désordre, les cadavres des deux gardes décapités ne furent guère respectés. « On les mit tous deux le long de la tente, dit un témoin, le sieur Borg (1); on les couvrit de paille; on ne les fit pas garder; à chaque instant des femmes et des hommes venaient contenter leur barbare curiosité, en levant la paille qui couvrait ces cadavres, leur donnant des coups de pied, et arrachant des morceaux de leurs habits comme pour servir de monument à leur victoire, s'excitant les uns les autres à en faire autant. »

Enfin la garde nationale, par son zèle et son énergie, mit fin à toutes ces horreurs.

Tous ceux qui habitaient dans le palais étaient accourus, et les appartements étaient remplis de monde. Le général Lafayette était venu tranquilliser le roi sur le sort de ses gardes, qui tous étaient alors sous la protection de la garde nationale. Louis XVI avait voulu aller remercier lui-même ceux des gardes nationaux qui

(1) Déposition.

avaient sauvé la vie à ses gardes dans le Château. Il les complimenta sur leur belle conduite et leur fit prêter serment de fidélité, ainsi qu'au corps des officiers du régiment de Flandres qui venait d'entrer à l'Œil-de-Bœuf.

Rien de plus pénible que l'aspect de la famille royale en ce moment. Le roi seul, conservant sa sérénité, venait de réunir son conseil et était avec ses ministres. Dans la chambre du roi se tenait tout le reste de la famille. Monsieur et les princesses, consternés, ne soufflaient mot. La reine, debout à l'encoignure d'une fenêtre, regardait cette foule encombrant les cours; à sa droite, Madame Élisabeth; à sa gauche, Madame Royale, et devant elle, debout sur une chaise, le dauphin. L'enfant, tout en caressant les cheveux de sa sœur, dit à la reine : « *Maman, j'ai faim*. — Prenez patience, mon fils, lui dit-elle les larmes aux yeux, tout cela va bientôt cesser. »

Les cours étaient remplies des bataillons de la garde nationale et d'une foule de peuple. Lafayette engagea le roi à venir se présenter au balcon. Ecoutons ce qu'il dit lui-même de ce moment (1) : « Je me rendis avec le roi et une partie de la famille royale sur le balcon, d'où je parlai au peuple; l'expérience m'ayant appris à discerner les sentiments du peuple parisien, qui peut quelquefois être égaré, mais qui aime à entendre la voix de la raison et de l'honneur, d'avec les efforts de quelques factieux payés ou intéressés au désordre, et que dans tous les grands mouvements il est aisé de distinguer. Je me rappelle avoir parlé dans cette occasion des projets que quelques factieux pouvaient concevoir, et qui étaient

(1) Déposition.

étrangers, nuisibles même à la révolution et à la cause de la liberté. Un des motifs de cette réflexion était le souvenir des propos que j'avais entendus le lundi à la Grève, où quelques soldats, en pressant le départ pour Versailles, avaient prononcé le mot de conseil de régence et autres expressions qui me paraissaient dans leurs bouches n'être que des répétitions de ce qu'ils pouvaient avoir entendu. »

Cette curieuse déposition de Lafayette montre bien qu'il ne croyait pas le duc d'Orléans étranger au mouvement qui venait d'avoir lieu.

La reine était encore avec ses enfants à la fenêtre de la chambre du roi, lorsqu'on vint lui dire que le peuple la demandait au balcon. Elle parut hésiter. Lafayette vint alors la trouver, et lui ayant représenté que cette démarche était nécessaire pour ramener le calme : « Dussé-je aller au supplice, dit-elle alors, je n'hésite plus, j'y vais. » Et prenant ses enfants par la main, elle s'y rendit avec le général.

Mme de Staël, avec sa mère, était en ce moment dans la chambre à coucher de Louis XIV ; elle raconte ainsi cette scène : « La reine parut alors dans le salon ; ses cheveux étaient en désordre, sa figure était pâle, mais digne, et tout, dans sa personne, frappait l'imagination. Le peuple demandait qu'elle parût sur le balcon ; et comme toute la cour, appelée la cour de Marbre, était remplie d'hommes qui tenaient en main des armes à feu, on put apercevoir dans la physionomie de la reine ce qu'elle redoutait. Néanmoins elle s'avança sans hésiter avec ses deux enfants qui lui servaient de sauvegarde.

« La multitude parut attendrie en voyant la reine comme mère, et les fureurs politiques s'apaisèrent à cet aspect; ceux qui, la nuit même avaient peut-être voulu l'assassiner, portèrent son nom jusqu'aux nues.

« La reine, en sortant du balcon, s'approcha de ma mère, et lui dit, avec des sanglots étouffés : *Ils vont nous forcer, le roi et moi, à nous rendre à Paris, avec les têtes de nos gardes-du-corps portées devant nous au bout de leurs piques.* Sa prédiction faillit s'accomplir. »

« Le peuple en insurrection est inaccessible au raisonnement, ajoute Mme de Staël, et l'on n'agit sur lui que par des sensations aussi rapides que les coups de l'électricité, et qui se communiquent de même. Les masses sont, suivant les circonstances, meilleures ou plus mauvaises que les individus qui les composent; mais, dans quelque disposition qu'elles soient, on ne peut les porter au crime comme à la vertu qu'en faisant usage d'une impulsion naturelle. » C'est ce qui arriva dans cette circonstance. Cette foule, si irritée quelques heures auparavant, était en ce moment disposée à tout pardonner. Après la reine, ce fut le tour des gardes-du-corps. Il fallut qu'ils vinssent à leur tour sur le balcon. Lafayette s'avance avec M. de Mondallot, l'un des maréchaux des logis, il lui fait prêter à haute voix le serment de fidélité à la nation et au roi, lui fait élever son chapeau en présentant le côté où était attachée la cocarde nationale, tous les gardes-du-corps en font autant, et la garde nationale y répond en élevant les siens au bout de ses baïonnettes. Les grenadiers de l'intérieur échangent leurs bonnets contre les chapeaux des gardes. On jette les bandoulières à la foule, et les cris de : Vivent les gardes-du-corps! s'échappent de toutes les bouches.

Bientôt le général Lafayette reparaît au balcon. Il annonce au peuple l'intention du roi de se rendre à Paris, et des billets jetés des fenêtres du Château répandent partout cette nouvelle. Les cris mille fois répétés de : Vive le roi! répondent à cette annonce, et la garde nationale manifeste sa joie par plusieurs salves de mousqueterie.

Au milieu du tumulte qui régnait dans la ville, quelques députés accoururent au Château et proposèrent au roi de réunir l'Assemblée nationale dans le salon d'Hercule. Le roi approuva ce projet. Ils allèrent de sa part le communiquer au président. Déjà la grande majorité de l'Assemblée s'était réunie au lieu ordinaire de ses séances. Mounier lui fit part du désir du roi : « MM. de Blacons et de Sérent, dit-il dans le récit des faits relatifs à l'insurrection, vinrent m'avertir que le roi désirait que tous les membres de l'Assemblée se rendissent auprès de lui, afin de profiter de leurs conseils. Ils me dirent que, ne doutant pas de mon consentement, ils avaient invité tous les députés qu'ils avaient rencontrés à se rendre au salon d'Hercule ; ils ajoutèrent qu'ayant vu entrer des députés dans la salle, ils allaient les en prévenir... J'entrai dans la salle... Il n'était pas encore onze heures... Je fis part des intentions du roi... M. de Mirabeau se leva et dit : « Qu'il était contre notre dignité de nous rendre chez le roi, qu'on ne pouvait délibérer dans le palais des rois, que nos délibérations seraient suspectes et qu'il suffirait d'envoyer une députation de trente-six personnes. » A cette observation de Mirabeau, Mounier répondit que c'était moins pour délibérer que pour donner des conseils au roi, dans la cruelle situation où il se trouvait, que l'on proposait d'aller au Château. Mais l'Assemblée, adoptant l'avis de Mirabeau, décida qu'elle resterait dans sa salle. On annonça quelque temps après que le roi venait de promettre de se rendre à Paris avec sa famille. Aussitôt, sur la proposition de Mirabeau, on décréta que le roi et l'Assemblée nationale étaient inséparables pendant la session actuelle.

Une députation nombreuse alla présenter ce décret au roi. Le roi répondit à l'abbé d'Eymar qui porta la parole : « Je reçois avec une vive sensibilité les nouveaux témoignages de l'attachement de l'Assemblée. Le vœu de mon cœur est, vous le savez, de ne jamais me séparer d'elle. Je vais me rendre à Paris avec la reine et mes enfants. Je donnerai tous les ordres nécessaires pour que l'Assemblée nationale puisse y continuer ses travaux. »

On fit alors tous les préparatifs du départ, et à une heure Louis XVI quitta le Château de Versailles pour n'y plus revenir.

Quand la garde nationale fit cesser les massacres des gardes-du-corps et rétablit l'ordre dans la ville, les brigands, qui promenaient dans Versailles les deux têtes des gardes, prirent la route de Paris et y arrivèrent vers midi. La municipalité de Paris en eut connaissance et donna les ordres les plus sévères pour faire enlever ces hideux trophées et arrêter ceux qui les portaient ; mais rien dans la procédure n'indique qu'ils aient été punis.

Aussitôt que le roi fut dans sa voiture, le cortége se mit en marche.

L'avant-garde se composait d'une partie des hommes et des femmes arrivés la veille. Un grand nombre étaient dans des fiacres, sur des chariots ou à cheval sur leurs canons. Ils portaient des chapeaux, des bandoulières et des armes de gardes-du-corps. La plupart des femmes portaient des cocardes nationales sur leurs bonnets et sur leurs vêtements. Venaient ensuite une soixantaine de voitures chargées de grains et de farines enlevés à la halle de Versailles. Derrière les voitures marchaient une foule de femmes portant aussi des cocardes tricolores, tenant à la main des branches d'arbres et criant, sans doute pour faire allusion aux farines qui étaient devant elles et à l'espérance de la fin de la disette : « Nous emmenons le boulanger, la boulangère et le petit mitron. » Puis une centaine de gardes nationaux à cheval, suivis des bataillons de la garde nationale.

Entre chaque compagnie étaient placés les canons, entourés de femmes, de gardes-du-corps désarmés, et la plupart nu-tête, ou portant des bonnets de grenadiers, et des soldats du régiment de Flandres ; les cent-suisses marchaient sur deux rangs après la garde nationale ; puis venait la voiture du roi dans laquelle se trouvaient avec lui la reine, Mme Elisabeth, le dauphin, Monsieur, Mme Royale et Mme de Tourzel. Après suivaient les voitures des ministres et celles des cent députés qui accompagnaient le roi. Quelques gardes-du-corps à cheval, des dragons, des soldats de Flandres, des grenadiers de la garde nationale, des hommes et des femmes portant toutes sortes d'armes entouraient ces voitures. De distance en distance, ces hommes déchargeaient leurs armes en signe de réjouissance.

Ce cortége bizarre, premier triomphe du peuple sur la royauté et qu'éclairait un magnifique soleil, fut très long à défiler et n'arriva à Paris que sur les six heures du soir (1).

(1) EXTRAIT DE LA LETTRE DE Mme ÉLISABETH A Mme DE BOMBELLES SUR LES JOURNÉES DES 5 ET 6 OCTOBRE 1789.

Le 13 *octobre* 1789.

J'étais descendue lundi de cheval à Montreuil, où je devais passer la journée et où je t'aurais écrit; j'allais me mettre à table, lorsque je vois

Après le départ du roi, Versailles resta morne et silencieux. Au bruit, au tumulte, qui n'avaient cessé d'y régner depuis deux jours, succéda un calme douloureux. Quelques exaltés paraissaient triomphants, mais la grande masse des habitants, pressentant l'avenir, voyait

arriver dans la cour un homme qui me dit qu'il arrive quinze mille hommes de Paris, et qu'il va chercher le roi qui tirait à Châtillon. Vous jugez que la princesse fut plus tôt à Versailles que je ne mets de temps à vous le dire. J'appris cependant, avant de m'en aller, qu'il y avait deux mille femmes armées de cordes, de couteaux de chasse, etc., qui arrivaient à Versailles. Elles y furent à cinq heures. C'était pour demander du pain, dont Paris manquait absolument, à ce qu'elles disaient. Elles vinrent chez le roi pour lui en demander. Sa réponse eut l'air de les satisfaire. Elles allèrent s'établir dans la salle des Etats. On était toujours dans l'incertitude de savoir s'il arrivait des troupes de Paris ou non. Pendant ce temps-là, les gens de Versailles, déjà fort animés contre les gardes-du-corps, se mêlèrent aux bandits qui arrivaient de tous côtés pour les détruire. Le roi ayant défendu de tirer, aucuns n'y pensèrent. Il n'y eut qu'un officier qui, attaqué par un coup de sabre, chercha à se défendre. On lui en fit un si grand crime qu'un homme le tira à bout portant et lui cassa le bras. Mais, comme l'on voulait donner tort à ces messieurs, on accusa un garde-du-corps, dont le cheval fut tué sous lui, et qui lui-même était percé de coups, d'avoir tiré ses pistolets. Voilà les moyens dont les gens de Versailles se servirent pour pouvoir dire que ces messieurs avaient attaqué, tandis qu'ils n'ont montré que modération et courage. On a beaucoup tiré sur eux le reste de la soirée. Ceux qui étaient dans des hôtels furent blessés à coups de bûches. Tant ce jour-là que de la nuit du mardi, il y en a eu onze de tués (*a*) et beaucoup de blessés. A onze heures du soir, M. de Lafayette, que l'on avait forcé de venir à la tête de trente mille hommes, entra chez le roi, après avoir fait renouveler à ces troupes le serment de fidélité. Il dit que l'on venait demander le renvoi du régiment de Flandres, et que les gardes-françaises reprissent la garde du roi. Ils prirent tous leurs postes, et tout le monde rentra tranquillement chez soi. Pour moi, qui me couchai à trois heures, je dormis sans m'éveiller jusqu'à sept heures et demie, que l'on me dit que le roi me demandait; que j'allais trouver un détachement de douze grenadiers pour m'y conduire; que les gardes-du-corps avaient été poursuivis encore. Les salles, en effet, avaient été forcées. Deux gardes eurent la tête tranchée; d'autres, blessés par les femmes d'une manière affreuse. La reine, obligée de s'enfuir en chemise chez le roi, parce qu'on entrait chez elle; toutes les cours remplies de femmes, de bandits, et de gardes nationales qui tâchaient d'y mettre un peu d'ordre. Sans les grenadiers,

(*a*) Il n'y a eu aucun garde de tué dans cette journée et dans la nuit.

bien que, par le départ du roi, la ville était perdue. Lecointre, qui s'était peu montré pendant la matinée du 6, reprit son rôle aussitôt que le roi fut parti. Il prit le commandement des gardes nationaux restés au Château pour la garde des appartements, et put se promener en vainqueur dans ce palais dont ses malveillants rapports avaient tant aidé à chasser les habitants.

Le soir même, trois convois mortuaires terminaient cette lamentable journée, et le curé de Notre-Dame de Versailles inscrivait sur le Mémorial de la paroisse les noms de François-Rouph de Varicourt, garde-du-corps du roi ; de Jean-François Pagès-Deshuttes, garde-du-corps du roi, et de Jérôme-Honoré Lhéritier, compagnon ébéniste ; tous trois victimes des fureurs de ce jour (1).

tous les gardes-du-corps auraient été massacrés. Ils en ont sauvé prodigieusement, les ont pris sous leur protection pour les amener à Paris ; la garde nationale, les menant toujours avec eux, les faisant embrasser le peuple; enfin, ayant empêché le peu qui sont venus ici d'être tués. Ceux qui étaient à cheval se retirèrent dans la nuit à Rambouillet, et furent poursuivis presque jusque-là. Le roi, deux jours après son établissement à Paris, les a licenciés. Nous sommes maintenant accompagnés par les officiers de la garde nationale. Mais revenons à la journée du mardi. Les femmes et le peuple, qui étaient dans les cours, demandaient que le roi vînt à Paris. Cela fut décidé à onze heures. Le roi et la reine se montrèrent sur le balcon de la chambre du roi. Il y a eu de grands cris de : Vive le roi! la reine! la nation! le roi à Paris! et d'autres que je n'ai pu distinguer. M. de Lafayette, en parlant avec une grande force au peuple, fit renouveler le serment en présence du roi. Enfin, à une heure, nous montâmes en voiture ; Versailles se signala par des marques de joie. Nous marchâmes entourés de toute la garde nationale, de plusieurs gardes-du-corps à pied, qui avaient troqué leurs chapeaux contre des bonnets de grenadiers. J'oubliais qu'après le roi, ils avaient paru au balcon, avaient jeté leurs bandoulières et leurs chapeaux en signe de paix...

(1) Il faut ajouter à la liste des morts M. de La Savonnière, décédé le 8 février 1790, à l'Infirmerie royale, des suites de sa blessure.

LOUIS XVI

ET LE

SERRURIER GAMAIN

I

Parmi les épisodes plus ou moins véridiques qui remplissent les annales de la Révolution, il en est un qui, accepté avec empressement par ceux qui avaient voté la mort de Louis XVI, puis ensuite traité de fable, a reparu avec de nombreux embellissements et suscité plus d'une controverse; je veux parler du prétendu empoisonnement du serrurier Gamain, le dénonciateur de l'armoire de fer, par le roi Louis XVI.

François Gamain, né à Versailles, le 29 août 1751, appartenait à une famille d'entrepreneurs de serrurerie, qui était venue s'établir à Versailles à l'époque des grands travaux faits dans cette ville par Louis XIV. Son père, Nicolas Gamain, serrurier fort habile, était entrepreneur des bâtiments du roi. Il fit de son fils un adroit ouvrier et le chargea de la serrurerie de l'intérieur du Château qui demandait le plus de soin. On sait le goût qu'avait Louis XVI pour les travaux manuels. Rencontrant souvent le jeune serrurier dans les appartements, il se plaisait à causer avec lui de ses travaux et à lui demander des explications sur ses ouvrages. Il s'attacha à François Gamain, et voulut s'essayer, sous sa direction, à fabriquer des serrures et quelques objets d'art à son usage. Il fit construire, à cet effet, un petit atelier dans les combles du Château. Dans cet atelier, qui existe encore aujourd'hui, il s'enfermait fréquemment avec Gamain, et travaillait avec lui pendant des heures entières. Le roi l'avait pris en grande affection ; il l'avait nommé serrurier de ses cabinets, ce qui lui donnait l'entrée de ses appartements, et, lorsque le père de Gamain mourut, il lui continua la charge de serrurier de ses bâtiments.

L'affection de Louis XVI pour Gamain était si grande qu'elle choquait ceux qui étaient admis dans l'intimité du roi. L'on raconte qu'un jour l'intendant Thierry de Ville-d'Avray, auquel il venait de montrer quelques-uns de ses ouvrages de serrurerie en lui demandant ce qu'il en pensait, osa lui faire la réponse suivante : « Sire, quand les rois s'occupent des ouvrages du peuple, le peuple s'empare des fonctions des rois (1). »

Lorsqu'arrivèrent les journées des 5 et 6 octobre 1789, et que Louis XVI fut forcé de séjourner à Paris, Gamain, quoique habitant de Versailles, resta toujours le serrurier du roi, qui lui continua toute sa confiance. Quand plus tard, entouré d'ennemis, menacé à tout instant de l'envahissement de son palais, Louis XVI sentit la né-

(1) Eckard, *Biographie universelle*, article Thierry, et Daniel de Saint-Anthoine, *Biographie des hommes remarquables de Seine-et-Oise.*

cessité d'avoir un lieu sûr et caché où il pût déposer ses papiers les plus importants, ce fut encore à Gamain qu'il s'adressa pour exécuter ce travail de confiance, et ce fut lui qui construisit la célèbre armoire de fer.

Gamain, grand et maigre, était d'une constitution assez délicate. Au témoignage d'Eckard, qui le connut en 1786, il avait de plus l'esprit assez faible. Entouré de gens qui avaient adopté avec enthousiasme les principes de la Révolution, il fit comme eux, et, le 7 janvier 1792, il fut nommé membre du Conseil général de la commune de Versailles. Il assista aux séances, et particulièrement à celles du mois de juin, de juillet et d'août de cette année, ainsi que le constatent les registres de la commune. Après la journée du 10 août, il fut nommé (24 septembre) l'un des commissaires chargés *de faire disparaître de tous les monuments de la commune les peintures, sculptures et inscriptions qui pourraient retracer la royauté et le despotisme* (1). On voit que, pendant cette année 1792, Gamain fit éclater son zèle patriotique, et prit part avec assiduité aux discussions, souvent tumultueuses, de la commune de Versailles.

A cette époque, la commune de Versailles entretenait avec la commune de Paris les relations les plus intimes. Tous les jours deux députés de Versailles assistaient aux séances de la commune de Paris, en rapportaient les procès-verbaux, et à leur tour les membres de la commune de Versailles en discutaient les principaux points et transmettaient leurs conclusions, presque toujours approbatives, à la commune de Paris. C'est dans ce foyer révolutionnaire, au milieu de ces discussions pas-

(1) *Registre des délibérations de la commune de Versailles.*

sionnées que Gamain, soit qu'il y fût poussé par ses sentiments révolutionnaires, soit qu'il craignît que quelqu'un, venant à découvrir l'armoire de fer, ne l'accusât, lui qui l'avait faite, de n'en avoir pas révélé l'existence, se décida à faire cette révélation.

On venait de commencer le procès du roi ; déjà de nombreux papiers avaient été examinés, lorsque, le 20 novembre, Gamain se présente au ministre Roland, lui dénonce l'armoire qu'il avait fabriquée, le conduit dans l'appartement du roi, et lui ouvre la porte de cette armoire. Le même jour, Roland dépose sur le bureau de la Convention les papiers que l'on vient de découvrir, et déclare, sans nommer Gamain, que ces papiers étaient dans un lieu tellement particulier, tellement secret, que si la seule personne de Paris qui en avait connaissance ne l'eût indiqué, il eût été impossible de les découvrir. Ils étaient, dit-il, derrière un panneau de lambris, dans un trou pratiqué dans le mur, et fermé par une porte de fer. Puis il ajoute : « C'est l'ouvrier qui l'avait faite qui m'en a fait la déclaration (1). »

Le 24 décembre suivant, Gamain est appelé à Paris, par une commission de la Convention, pour vérifier si l'une des clefs remises par Louis XVI à Thierry de Ville-d'Avray, et trouvée dans le secrétaire de ce dernier, s'adapte à la serrure de l'armoire de fer.

Gamain venait de donner un gage à la Révolution : le 13 janvier suivant, il est installé comme officier municipal.

Après l'attentat du 21 janvier, la Convention envoie des députés en mission dans tous les départements, afin *de donner aux autorités l'énergie nécessaire aux circon-*

(1) *Moniteur* du 20 novembre 1792.

stances. Le représentant Crassous est envoyé dans le département de Seine-et-Oise ; ne trouvant pas la municipalité de Versailles à *la hauteur des circonstances*, il la destitue par son arrêté du 30 septembre (1).

La loi du 17 du même mois déclarait *suspects* tous les fonctionnaires révoqués, qui pouvaient être pour ce seul fait traduits devant le tribunal révolutionnaire. Gamain, n'ayant pas été réintégré dans ses fonctions municipales, resta sous le coup de cette loi. Ainsi, malgré les gages qu'il avait donnés à la Révolution, il pouvait, d'un instant à l'autre, être traduit devant ce terrible tribunal, d'où l'on ne sortait guère que pour aller à la mort. D'un autre côté, il n'avait plus de travail, et, d'une vie active et d'une position presque opulente, il était tombé dans le repos forcé et dans la misère. C'est dans ces circonstances qu'il adressa une pétition à la Convention pour lui demander des secours.

Le 8 floréal an II (27 avril 1794), le représentant Musset, curé constitutionnel de Falleron (Vendée), chargé de faire le rapport de la pétition de Gamain, monte à la tribune et s'exprime en ces termes : « C'était peu pour le dernier de nos tyrans, d'avoir fait périr des milliers de citoyens par le fer ennemi ; vous verrez, par la pétition que je vais vous lire, qu'il était familiarisé avec la cruauté la plus réfléchie, et qu'il a lui-même administré le poison à un père de famille, espérant ensevelir par là une de ses manœuvres perfides; vous verrez que son âme féroce avait adopté la maxime que tout est permis aux rois de ce qui peut faire réussir leurs criminels projets. »

Après ce préambule il lit la pétition, conçue en ces termes :

(1) Archives de la municipalité de Versailles.

« François Gamain, serrurier des cabinets et du laboratoire du ci-devant roi, et depuis trois ans membre « du Conseil général de la commune de Versailles, expose que *dans les premiers jours* de mai 1792, il reçut « l'ordre de se transporter à Paris. A peine y fut-il arrivé, que Capet lui ordonna de pratiquer une armoire « dans l'épaisseur d'un des murs de son appartement, et « de la fermer d'une porte de fer, *opération qui ne fut achevée que le 22 du même mois*, et à laquelle il a procédé en sa présence. Aussitôt cet ouvrage fini, Capet « apporta *lui-même* au citoyen Gamain un grand verre « de vin, qu'il l'engagea à boire, parce qu'effectivement « il avait très chaud.

« *Quelques heures* après qu'il eut avalé ce verre de vin, « il fut atteint d'une colique violente, qui ne se calma « qu'après qu'il eut pris une ou deux cuillerées d'élixir, « qui lui firent rendre tout ce qu'il avait *mangé ou bu* « dans la journée. Il s'en est suivi une maladie terrible « qui a duré quatorze mois, dans lesquels il en a *été neuf perclus de ses membres*, et qui même, dans cet « instant, ne lui laisse aucun espoir que sa santé se « rétablisse assez pour lui permettre de vaquer à ses « affaires d'une manière à subvenir aux besoins de sa « famille.

« Telle est, citoyens, la vérité des faits qu'il prend la « liberté de vous exposer; ils sont constatés par le *certificat des officiers de santé* qui ont suivi sa maladie.

« Je vous observe en outre que, quoiqu'il ignorât entièrement à quel usage Capet destinait cette armoire, « néanmoins il en fit la déclaration, et que c'est lui qui « est l'auteur de la découverte des papiers intéressants « qu'elle renfermait.

« J'attends de vous, législateurs, que vous voudrez

« bien prononcer sur la pension qu'il espère, après « *vingt-six ans de service* et les sacrifices qu'il a faits; « son espoir est d'autant plus fondé, que le mauvais « état de sa santé ne lui laisse aucun moyen de subsi- « stance. »

Après la lecture de cette pétition, Musset ajoute :

« A cette pétition est joint le certificat des médecins, « qui constate *le mauvais état de la santé du citoyen ré- « clamant.*

« Citoyens, si la scélératesse est commune aux rois, la « générosité est l'apanage constant des représentants « d'un peuple libre. Je demande que sa pétition soit « renvoyée aux comités des secours publics et de liqui- « dation pour en faire un prompt rapport. Je demande « qu'après le rapport, les pièces soient déposées aux ar- « chives nationales, comme un monument de l'atrocité « des tyrans, et insérées au bulletin, afin que ceux qui « croyaient que Capet ne faisait le mal que parce qu'il « était entouré de malveillants, sachent que le crime « était dans son cœur. »

Cette proposition est décrétée en ces termes :

« La Convention nationale décrète :

« Art. 1er. Les pièces seront renvoyées aux comités « des secours et de liquidation réunis, pour en faire un « prompt rapport à la Convention.

« Art. 2. Après le rapport des comités des secours et « de liquidation, les pièces seront déposées aux archives « de la Convention, comme un monument éternel de la « lâcheté et de la perfidie de Capet.

« Art. 3. Les pièces seront insérées en entier au *Bul- « letin de correspondance*, pour faire connaître à l'univers « entier la profonde scélératesse du dernier tyran des « Français. »

Le 28 floréal, 17 mai 1794, le représentant Peyssard, ancien garde-du-corps, et chevalier de Saint-Louis, monte à la tribune, et lit le rapport suivant, au nom des comités des secours publics et de liquidation :

« Citoyens, vous avez chargé vos comités des secours « publics et de liquidation de vous faire un rapport sur « la pétition du citoyen Gamain, serrurier de Versailles; « je viens en leur nom remplir l'obligation que vous leur « avez imposée.

« C'est à la tribune de la liberté que doivent retentir « les crimes des oppresseurs du genre humain. Pour « peindre un roi dans toute sa laideur, je n'aurai re- « cours ni à l'histoire ancienne, ni aux longues horreurs « dont la monarchie que vous avez brisée offre l'enchaî- « nement désastreux, j'en saisirai seulement le dernier « anneau. Je nommerai Louis XVI; ce mot renferme « tous les forfaits; il rappelle un prodige de scélératesse « et de perfidie; à peine il sortait de l'enfance qu'on vit « se développer en lui le germe de cette féroce perver- « sité qui caractérise un despote. Ses premiers jeux « furent des jeux de sang, et sa brutalité croissant avec « son âge, il se délectait à l'assouvir sur tous les ani- « maux qu'il rencontrait. On sait le parti qu'il a tiré « d'un tel apprentissage; on sait combien les pages de « la Révolution ont été rougies du sang versé par ses « mains homicides, mais on avait ignoré le dernier pro- « cédé de sa barbarie. On le connaissait cruel, traître et « assassin. L'objet de ce rapport est de le montrer à la « France entière, présentant de sang-froid un verre de « vin empoisonné à un malheureux artiste qu'il venait « d'employer à la construction d'une armoire, destinée « à receler les complots de la tyrannie. Vous penserez « peut-être que ce monstre avait jeté les yeux sur une

« victime inconnue ; c'est au contraire un ouvrier em-
« ployé par lui depuis vingt-six ans, c'est un homme de
« confiance, c'est un père de famille qu'il assassine, avec
« un air d'intérêt et de bienveillance (Capet était l'élève
« de Gamain dans l'art de la serrurerie). Êtres affreux,
« qui récompensez ainsi ceux qui vous servent, quel cas
« faites-vous donc du reste des hommes ? Quel sort leur
« est réservé par vos caprices ? La France le sait, elle
« a donné l'exemple à la terre, et la terre sera bientôt
« *déroyalisée.*

« Un vomitif violent conserve Gamain à sa famille ;
« son premier soin est d'indiquer la fameuse armoire ; il
« a rempli son devoir. Aujourd'hui perclus de tous ses
« membres par l'effet du poison royal, il demande aux
« fondateurs de la République les moyens de soutenir
« sa douloureuse existence. C'est de la tribune d'où est
« parti l'arrêt de mort du tyran que doivent partir aussi
« les remèdes aux maux qu'il a faits, le soulagement des
« victimes de son atrocité.

« Voici le projet de décret que vos comités m'ont
« chargé de vous présenter.

« La Convention nationale, après avoir entendu le
« rapport de ses comités des secours publics et de liqui-
« dation, décrète :

« Art. 1er. François Gamain, empoisonné par Louis
« Capet, le 22 mai 1792 (vieux style), jouira d'une pen-
« sion annuelle et viagère de la somme de 1,200 livres,
« à compter du jour de l'empoisonnement.

« Art. 2. Le présent décret sera inséré au *Bulletin de*
« *correspondance.* »

Ce décret est adopté.

Gamain, dans son zèle révolutionnaire, s'était, jusqu'à ce jour, contenté de dénoncer l'existence de l'ar-

moire de fer, et de jouer un des premiers rôles dans la municipalité de Versailles. Aujourd'hui que la misère et la loi des suspects pèsent sur sa tête, il ne trouve d'autre moyen de se tirer d'affaire qu'en faisant valoir auprès de la Convention ses services, et en laissant planer sur son ancien bienfaiteur le soupçon d'un empoisonnement.

Sans m'arrêter aux discours du curé constitutionnel et de l'ancien garde-du-corps, ni aux décrets de la Convention, j'examinerai la pétition même de Gamain.

Ce qui frappe d'abord dans cette pétition, c'est que les mots de poison et d'empoisonnement n'y sont pas une seule fois prononcés. Il y a plus : Gamain, malgré le récit du verre de vin donné par le roi, et de la maladie qui, d'après lui, s'en est suivie, ne s'appuie, pour réclamer une pension, que sur *ses vingt-six ans de service et sur les sacrifices qu'il a faits*, et nullement sur l'empoisonnement, ce qu'il eût certainement fait s'il y avait réellement cru.

Il est évident que, dans ce récit, Gamain a cherché à se rendre intéressant et à se faire pardonner le long délai qu'il avait mis à dénoncer l'existence de l'armoire de fer. On voit qu'il veut faire remonter jusqu'à Louis XVI la cause de sa maladie, mais que sa conscience lui reprocherait de l'attribuer franchement au poison. Il a très chaud, le roi l'engage à boire un verre de vin. *Quelques heures après*, il est atteint d'une colique violente. Une cuillerée d'élixir le fait vomir. Puis il survient une maladie, et il reste neuf mois perclus de ses membres. Voilà ce qu'il raconte. Ou le verre de vin a troublé la digestion, ce qui a pu être, puisque le vomitif lui a fait rendre *tout ce qu'il avait mangé et bu dans la journée*, ou une substance toxique y a été introduite. Gamain n'ose pas alléguer le fait, mais les comités de la

Convention, ravis de pouvoir souiller d'un crime la mémoire du roi, n'hésitèrent pas à l'accuser d'un lâche assassinat.

Il est vrai que, dans sa pétition, Gamain dit « que la vérité des faits est constatée par le certificat des officiers de santé qui ont suivi sa maladie. » Oui, les médecins ont constaté la maladie de Gamain, mais ils n'ont pas parlé de poison. Aussi Musset, après avoir lu la pétition, ajoute-t-il : « A cette pétition est joint le certificat des médecins qui constatent le mauvais état de la santé du réclamant ; » mais il ne dit pas que le certificat parle de poison, ce qu'il n'aurait pas manqué de faire si ce certificat en eût fait mention.

Voici du reste ce que je puis attester, puisque le fait s'est passé devant moi. Vers la fin de 1813, j'étais attaché comme élève à l'hôpital de Versailles, dont M. Voisin, l'un des signataires du certificat, était chirurgien en chef. Un jour que nous étions tous réunis, médecins et élèves, dans la pharmacie de l'hôpital, la conversation tomba sur le serrurier Gamain et sur son prétendu empoisonnement par Louis XVI. « Jamais, dit M. Voisin, « jamais Gamain n'a été empoisonné. Lameyran et moi « nous l'avons longtemps soigné pour une maladie chro- « nique de l'estomac. C'est ce que nous avons relaté « dans le certificat qu'il nous avait demandé pour ré- « clamer une pension. Dans ce certificat, nous avons « constaté son état de souffrance, mais nous n'avons « pas parlé d'un empoisonnement qui n'existait que dans « son esprit. » Voilà ce que j'ai recueilli de la bouche même de M. Voisin.

La pétition de Gamain, en la séparant des discours qui l'ont accompagnée à la Convention, ne formule qu'une bien vague accusation contre Louis XVI, surtout en présence de la certitude acquise que le certificat des médecins, qui seul aurait pu constater l'empoisonnement, n'en a pas fait mention. Aussi la Convention, qui d'abord avait décrété l'insertion des pièces au *Bulletin de correspondance* « pour faire connaître à l'univers entier la profonde scélératesse du dernier tyran des Français, » y renonça-t-elle en voyant leur peu de fondement. Ces pièces n'ont jamais été imprimées dans le *Bulletin de correspondance* (1).

Gamain est évidemment l'ouvrier qui fit l'armoire de fer. Mais à quelle époque la fit-il? La date du mois de mai 1792 est-elle la date véritable?

Gamain n'était pas seul à travailler à la cachette du roi. Louis XVI avait une très grande confiance dans un nommé Durey, d'abord garçon du Château de Versailles, et qui l'avait suivi aux Tuileries, depuis son séjour à Paris. C'était Durey qui servait de garçon de forge quand le roi travaillait avec Gamain dans son atelier. Lorsque le roi fit venir Gamain pour établir l'armoire, ce fut lui qui l'aida, et, aussi bien que ce dernier, il était dans le secret de son existence. Durey vivait encore en 1800, et M. Eckard, qui a écrit l'article Gamain de la *Biographie universelle*, l'a vu à cette époque. Eh bien! Durey assurait que l'assertion de Gamain était fausse, que ce n'était pas en 1792, mais bien au mois de mai 1791, que Louis XVI, décidé au voyage de Varennes, ne sachant à qui confier des papiers qu'il ne pouvait pas emporter, fit pratiquer l'armoire de fer (2). Assertion qui ne man-

(1) *Hist. de la Terreur*, par M. Mortimer-Ternaux. L'habile et savant historien a consacré dans son 5e volume une dissertation spéciale à la question qui nous occupe.

(2) Eckard, dans la *Biog. universelle*, art. Gamain, t. LXV (*supplément*).

que certainement pas de probabilité, car il était plus facile au roi de faire faire cette armoire à cette époque, qu'en 1792, où il était surveillé dans ses moindres mouvements.

Si l'on s'en rapporte à l'assertion de Durey, tout ce qu'a raconté Gamain dans sa pétition ne serait donc qu'une fable inventée pour le besoin de sa cause.

On voit qu'en examinant scrupuleusement cette affaire, il ne reste pour certifier l'empoisonnement que les discours furibonds des deux députés de la Convention.

Personne à Versailles ne croyait à l'empoisonnement de Gamain, et M. Eckard, qui a consulté à ce sujet les divers membres de la famille du serrurier, assure qu'ils attribuaient l'altération de sa santé au chagrin qu'il avait éprouvé de la perte de sa fortune, aux privations sans nombre qu'il avait essuyées, à la chétive nourriture à laquelle il était réduit, et surtout aux frayeurs que les révolutionnaires lui causaient et qui pouvaient très certainement l'avoir fait tomber dans l'état de langueur où il est mort.

Gamain ne jouit pas longtemps de la pension que lui accorda la Convention ; il mourut à Versailles, le 19 floréal an III (8 mai 1795), à l'âge de quarante-quatre ans, un an après l'adoption du décret qui la lui avait accordée (1).

(1) Registres de la municipalité de Versailles.

II

Depuis longtemps Gamain était mort, sa famille avait disparu ; les deux médecins qui avaient signé le certificat accompagnant la pétition adressée à la Convention étaient décédés, M. Lameyran en 1811, M. Voisin en 1823, et les auteurs qui avaient écrit sur la Révolution, M. Thiers, entre autres, avaient si peu cru à la réalité de l'empoisonnement de Gamain, qu'ils n'en avaient même pas parlé, lorsque, au mois de septembre 1836, le journal *le Siècle* donna, dans deux feuilletons, un récit nouveau et tout à fait romanesque de ce fait, qualifié de *ténébreux*. Deux ans après, l'auteur de ce récit, le *bibliophile Jacob*, lui donna une nouvelle publicité en en faisant le sujet d'une de ses *Dissertations sur quelques points curieux de l'histoire de France* (1). Attaquée comme fausse par M. Eckard, qui en a démontré toute l'invraisemblance (2), et dernièrement par M. Mortimer-Ternaux, dans son *Histoire de la Terreur* (3), cette nouvelle version de l'empoisonnement de Gamain n'en a pas moins été regardée comme vraie par M. Louis Blanc, qui l'a répétée dans son ouvrage sur la Révolution, et elle a été encore

(1) *Evocation d'un fait ténébreux de la Révolution française*, par le bibliophile Jacob (M. Paul Lacroix), 1838, broch. in-8°, réimprimée dans les *Curiosités de l'histoire de France* (Paris, Delahays, 1858, gr. in-18).

(2) *Biographie universelle.*

(3) T. V. p. 531-43.

reproduite tout récemment dans l'*Intermédiaire des chercheurs* (1).

Je crois avoir démontré, en examinant attentivement la pétition de Gamain, rapprochée de la dénégation du docteur Voisin, et sans avoir égard aux discours prononcés et aux décrets de la Convention, que le prétendu empoisonnement de Gamain par Louis XVI, doit être relégué au rang des fables. Mais, comme dans le récit de M. Paul Lacroix, ce ne serait plus au roi, mais à la reine que serait attribué le crime, il est nécessaire d'examiner sur quoi repose cette odieuse imputation.

L'auteur, en plaçant ce récit dans la bouche de Gamain, cherche à se dégager de toute responsabilité sur la véracité des faits. Il déclare les tenir de personnes auxquelles le serrurier les aurait plusieurs fois racontés.

« Les vieux habitants de Versailles, dit-il, se rappel-
« lent avec pitié cet homme qu'on voyait se promener
« seul, courbé sur sa canne comme un vieillard, dans
« les allées désertes du parc, en regardant le Château
« veuf de ses rois héréditaires. Gamain n'avait pas plus
« de cinquante-huit ans à l'époque de sa mort, et il of-
« frait tous les signes de la décrépitude. »

(1) Par M. Emile Bonnet, n° du 10 septembre 1866 (t. III, col. 532). L'auteur s'est permis une insinuation que nous devons relever : « Toutes les pièces de cette horrible affaire, dit-il, furent déposées aux Archives comme pour servir de monument de cet acte cruel. *Elles n'existent plus aujourd'hui. Le carton qui les contenait est toujours là ;* mais les procès-verbaux de la commune de Versailles, attestations des médecins, rapport du comité des secours publics, tout ce qui concerne la victime de Louis XVI, *a été détourné, anéanti sans doute au moment de la Restauration.* » Nous serions très reconnaissant que M. Em. Bonnet voulût bien nous apprendre où il a puisé ses informations. Ce que nous pouvons affirmer, c'est qu'aux archives, il n'y a point, il n'y a jamais eu de carton spécial contenant les pièces de l'affaire Gamain, et que la disparition dont on parle est un fait imaginaire.

Je ferai remarquer ici que, comme je l'ai déjà dit, Gamain est mort à quarante-quatre ans.

« Ses cheveux étaient tombés, et le peu qui lui en res-« tait blanchissait sur son front sillonné de rides pro-« fondes; ses joues blêmes s'enfonçaient dans le vide « que l'absence de ses dents avait fait, et ses yeux, au « regard terne et morne, ne s'allumaient d'un feu som-« bre qu'au nom de Louis XVI, qu'il prononçait tou-« jours avec amertume, quelquefois avec des larmes. « L'affaissement de sa taille, naguère droite et élevée, « la perte totale de ses forces et la langueur qui le con-« sumait sans cesse, accusaient, au dire des gens de « l'art, un désordre irrémédiable de l'estomac et des « voies intestinales. Gamain vivait fort retiré dans sa « famille, en se contentant de la faible pension qu'il tou-« cha jusqu'à sa mort, *malgré les variations successives* « *du gouvernement*. On ne supprima pas cette pension, « sans doute de peur de réveiller le triste prétexte sous « lequel on la lui avait accordée. »

On a déjà vu que Gamain n'a joui qu'une année de cette pension, et qu'il est mort sous le même gouvernement auquel il la devait.

« Gamain n'était pas d'ailleurs en état d'exercer sa « profession, qui eût suffi à son existence; une longue « maladie avait épuisé ses faibles ressources pécuniai-« res, car la générosité du roi, son élève en serrurerie, « ne s'était jamais signalée en sa faveur, disait-il, soit « que Louis XVI, aimant la médiocrité pour lui-même, se « fît scrupule d'en priver un serrurier qu'il affectionnait, « soit plutôt que Gamain, comptant imprudemment sur « une fortune toujours égale, eût dissipé tout ce qu'il te-« nait de son *compagnon de forge*. Dans tous les cas, « Gamain ne reprochait pas au roi de l'avoir mal récom-

« pensé en argent, mais il lui gardait un ressentiment « implacable d'une trahison *qui ne pouvait être attri-* « *buée à l'honneur de Louis XVI.* »

Après cette mise en scène qui dispose le lecteur en faveur de Gamain, l'auteur continue à expliquer par un désir de vengence le long plaidoyer mis dans la bouche de Gamain.

« Cette trahison, dit-il, était l'idée fixe et unique de « Gamain; il y revenait à tout propos, pour se répandre « en récriminations aigres et fougueuses au sujet de l'at- « tentat qu'il imputait implicitement au roi; c'était lui « qui avait, par la découverte de l'armoire de fer aux « Tuileries et des papiers qu'elle contenait, fait mettre « Louis XVI en jugement; c'était donc lui qui avait, « pour ainsi dire, dressé la guillotine où roula cette tête « couronnée; c'était lui enfin qui avait provoqué ce dé- « cret de la Convention condamnant la mémoire de « Louis XVI, comme coupable d'un homicide vulgaire. « Mais ces satisfactions données à la vengeance n'apai- « sèrent point la haine de Gamain, qui poursuivait en- « core le mort dans le tombeau, et qui allait partout ra- « contant avec une chaleureuse indignation comment « on avait tenté de l'assassiner pour prix de ses services. « Quiconque le voyait pour la première fois n'échappait « ni à ce récit, ni au plaidoyer dont il le faisait suivre, « pour excuser ses dénonciations contre le roi martyr. »

Ici, on le voit, l'auteur se dégage de la responsabilité du récit qui va suivre, il n'est que le narrateur; les détails minutieux dans lesquels il va entrer, les choses invraisemblables qu'il va raconter, tout cela est dû à Gamain. Mais, comment après un si long temps écoulé depuis la mort du serrurier, a-t-il pu savoir tous ces détails? Ce ne peut être que par quelques personnes vivant encore à l'époque où il a écrit, et auxquelles Gamain les aurait racontées. C'est ce qu'il va chercher à établir.

« Ce récit, continue l'auteur, diffère pourtant en cer-« tains points de celui qu'il adressa, en 1794, sous la « forme de pétition à l'Assemblée nationale, pour solli-« citer un secours. Dans ce dernier récit, il n'accusait « que Louis XVI; dans l'autre, qu'il a répété maintes fois « de *son vivant* sans aucune variante, il portait de pré-« férence les soupçons sur la reine, qui, toute légère et « inconséquente qu'elle fût, *n'était pas femme à com-« mettre un assassinat.* »

On se demande alors à quoi bon répéter un récit romanesque, qui jette un soupçon si odieux sur ces deux malheureuses victimes, quand on est convaincu que le roi et la reine n'ont pu commettre un pareil assassinat?

« Gamain passait ordinairement ses soirées dans un « café de Versailles, qu'on m'a nommé, *mais que je ne « désignerai pas, dans la crainte de commettre une er-« reur*. Il y était en compagnie de deux anciens notaires « qui vivent encore (en 1836), et du médecin Lameyran, « qui l'avait soigné lors de son empoisonnement. Ces « trois personnes attestaient au besoin toutes les parti-« cularités du poison qui avait été constaté par procès-« verbaux; mais Gamain manquait de témoins pour affir-« mer ce qui était arrivé aux Tuileries dans la journée « du 22 mai 1792; son air de véracité et de douleur, son « accent pénétré, son visage exprimant ses souffrances, « ses yeux enflammés, sa pantomime pathétique, c'étaient « là les seuls garants de sa bonne foi. »

Il est fâcheux que l'auteur ait oublié le nom du café où Gamain allait passer ses soirées, car là, on aurait pu avoir quelques renseignements certains sur la scène qu'il rapporte. Quant aux deux notaires qui ne sont pas nommés, c'est l'un d'eux, sans doute, qui aura fait ce récit à M. Paul Lacroix, car, pour M. Lameyran qui, d'après la disposition de la phrase, semble vivre aussi à l'époque où écrit l'auteur, il était mort en 1811, et ne pouvait alors attester toutes les particularités d'un empoisonnement dont son certificat, comme je l'ai déjà dit, ne parlait pas (1).

Après cet exposé, l'auteur donne enfin la parole au serrurier :

« Depuis l'attaque du Château de Versailles, racon-
« tait-il, comme j'étais installé dans cette ville où se
« trouvaient mes ateliers, je voyais rarement le roi;
« j'attendais qu'il me fit mander pour aller aux Tuile-
« ries qu'il habitait. Après sa tentative de fuite en 1791,
« qui échoua par malheur, je cessai tout à fait de le
« voir. Quand on l'eut ramené de Varennes à Paris,
« *où d'ailleurs le roi, j'imagine, n'avait guère le cœur à*
« *s'occuper de serrurerie*, les relations que j'avais eues
« avec Louis XVI pour lui apprendre mon métier ne
« m'étaient déjà que trop défavorables, et mes envieux
« m'avaient tendu des piéges auxquels j'eus le bonheur
« d'échapper. Je ne songeais cependant pas le moins du
« monde à espionner pour le compte du roi, qui ne me
« payait plus même de gratification ; il n'avait plus d'ar-
« gent, il est vrai. Quoi qu'il en soit, je me sentais porté
« pour la constitution, et sans préjudice de la recon-
« naissance que je devais au roi, *j'étais dévoué à la ré-*
« *publique.* »

Je ferai deux observations sur ce que l'on fait dire ici

(1) Un honorable habitant de Versailles m'a assuré avoir entendu un notaire de cette ville, M. D..., raconter le soi-disant empoisonnement de Gamain par la reine ; M. D. prétendait tenir ce récit de la bouche du serrurier.

à Gamain. « Le roi, dit-il, après le voyage de Varennes, n'avait guère le cœur à s'occuper de serrurerie. » J'ajouterai, moi : Non-seulement après le voyage de Varennes, mais depuis qu'il était à Paris. Il y avait bien à Versailles un atelier qui existe encore aujourd'hui, mais il n'en eut point aux Tuileries, et Louis XVI ne s'y occupa jamais de serrurerie. Quant au dévouement de Gamain pour la République, il était bien précoce, puisque la scène qu'il va raconter se passe au commencement de 1792, et que la République ne fut établie qu'à la fin de l'année.

« Le 21 mai 1792, pendant que j'étais dans ma bou-« tique, un homme à cheval s'arrêta devant ma porte « et m'appela par mon nom. Le déguisement de cet « homme, qui était habillé en roulier, ne m'empêcha « pas de reconnaître Durey, que le roi avait pris pour « aide de forge. « M. Gamain, me dit-il, Sa Majesté « m'envoie vous ordonner de venir au château ; vous « entrerez par les cuisines, pour ne pas inspirer de « soupçons... — J'en suis bien contrarié, Durey, répon-« dis-je, mais je n'irai pas. Si je m'absentais de Ver-« sailles, cela me rendrait suspect et m'attirerait mal-« heur. » — Durey eut beau me représenter que je de-« vais obéir au roi, je n'en fis que rire, en disant que Sa « Majesté savait assez bien mon état pour n'avoir pas « besoin de moi ni d'un autre. Durey me quitta bien dé-« solé, et ne fut que trois heures à revenir pour me « presser de nouveau d'obtempérer au désir du roi. Je « tins bon et refusai obstinément. Je crus que j'étais dé-« livré des importunités de Durey, et je m'applaudis « d'autant mieux d'avoir résisté, que le bruit courut « dans Versailles que le peuple attaquait les Tuileries, « ce qui n'eut lieu que dans le mois suivant. Le lende-

« main, je fus étonné et mécontent de voir reparaître « Durey, qui me fit lire un billet écrit de la main du roi, « dans lequel Louis XVI me priait, presque amicale- « ment, de venir *lui donner un coup de main* pour un « ouvrage difficile. Mon amour-propre fut flatté de cette « invitation que le roi avait pris la peine de me faire « lui-même : je m'habillai à la hâte, j'embrassai ma « femme et mes enfants, sans leur dire où j'allais; je leur « promis seulement d'être de retour avant la nuit. Ce « ne fut pas sans inquiétude qu'ils me virent partir avec « un étranger pour Paris, car, à cette époque, il se pas- « sait peu de jours sans que les nouvelles les plus lu- « gubres circulassent dans Versailles, où l'on croyait « volontiers la capitale à feu et à sang. »

Voilà une mise en scène très dramatique, mais tout à fait invraisemblable. Gamain est encore à cette époque serrurier des cabinets du roi, et entrepreneur de ses bâtiments. C'est lui qui est chargé de toute la serrurerie de l'intérieur des appartements des Tuileries comme de Versailles, et lorsque Durey, qu'il connaît intimement, avec lequel il a travaillé cent fois, vient lui apporter un ordre du roi pour travailler aux Tuileries, ce qu'il a déjà fait nombre de fois, il s'y refuse, et il faut un billet du roi qui lui demande de lui prêter *un coup de main*, pour qu'il s'y décide : cela est-il croyable? Puis, comme s'il allait à la mort, il embrasse sa femme et ses enfants, qui ne reconnaissent pas Durey qu'ils ont vu si souvent dans l'atelier de Gamain.

« Durey me conduisit aux Tuileries, *où le roi était* « *gardé comme dans une prison*. Nous entrâmes par les « communs, et nous nous rendîmes à *l'atelier du roi*, « où Durey me laissa pour annoncer mon arrivée. Pen- « dant que j'étais seul, je remarquai une porte de fer

« nouvellement forgée, une serrure *bénarde*, exécutée « fort habilement en apparence, et une petite cassette « toute en fer, avec un ressort caché que je ne pus dé- « couvrir au premier coup d'œil. Sur ces entrefaites, « Durey revint avec le roi. « Eh bien ! mon pauvre « Gamain, dit Louis XVI, en me touchant l'épaule et « souriant avec bienveillance, voilà longtemps que nous « ne nous sommes vus? — Oui, Sire, repris-je, et j'en « suis fâché; mais j'ai dû, par prudence pour vous au- « tant que pour moi, suspendre mes visites, qui étaient « mal interprétées; nous avons l'un et l'autre des enne- « mis qui ne cherchent qu'à nous nuire : voilà pour- « quoi, Sire, j'ai hésité à me rendre à vos commande- « ments. — Hélas ! les temps sont bien mauvais, et je « ne sais pas comment tout cela finira, s'écria le roi, qui « ajouta sur-le-champ avec gaieté, en me montrant les « ouvrages de serrurerie que j'avais examinés : que dis- « tu de mon talent? c'est moi seul qui ai terminé ces tra- « vaux en moins de dix jours ! Je suis ton apprenti, Ga- « main. »

« Je remerciai le roi des éloges qu'il daignait m'a- « dresser, et je lui demandai ce que je pouvais faire « pour lui être agréable, en protestant de mon dévoue- « ment et de ma fidélité. Alors le roi me dit qu'il avait « toujours eu confiance en moi et *qu'il ne balançait pas « à mettre dans mes mains le sort de sa personne et de sa « famille;* là-dessus il me mena dans sa chambre à cou- « cher, puis dans le couloir sombre qui communiquait « de son alcôve à la chambre du Dauphin. Durey avait « allumé une bougie pour nous éclairer dans ce couloir « où il leva, par ordre du roi, un panneau de la boise- « rie, derrière lequel j'aperçus un trou rond pratiqué « dans la muraille et ayant à peine deux pieds de dia-

« mètre à son ouverture. Le roi m'apprit *qu'il avait fait* « *cette cachette pour y serrer de l'argent*, et que Durey, « qui l'avait aidé à percer le mur, en jetait les gravois « dans la rivière, où il fit plusieurs voyages pendant la « nuit. Le roi me dit ensuite qu'il voulait ajuster la « porte de fer à l'entrée de ce trou, et qu'il ne sa- « vait pas quels moyens employer pour achever cette « opération : tel était le service qu'il attendait de moi.

« Je me mis à l'œuvre aussitôt. Je repassai toutes les « parties de la serrure qui n'avaient pas de jeu ; je fa- « çonnai la clef à la forge, de manière à la rendre plus « différente des clefs ordinaires ; ensuite j'établis les « gonds et la gâche dans la maçonnerie, aussi solide- « ment que le permettaient les précautions qu'il fallait « prendre pour étouffer le bruit du marteau. Le roi me « secondait de son mieux ; à chaque instant il me sup- « pliait de frapper plus doucement et de me dépêcher. « Il avait peur d'être surpris par quelque indiscret dans « ce travail, qui dura jusqu'à la fin du jour. La clef « fut mise dans la petite cassette de fer, et cette cas- « sette scellée sous une dalle à l'extrémité du corri- « dor. On n'avait pas besoin de clef pour fermer la « serrure de l'armoire, parce que les pènes jouaient « d'eux-mêmes lorsqu'on poussait la porte de fer sur « ses gonds. »

Voilà Gamain introduit aux Tuileries, dans l'atelier du roi. Je ferai remarquer de nouveau que le roi n'avait pas d'atelier de serrurerie dans ce palais. Mais en supposant qu'il y ait eu une forge, une enclume, des marteaux, tout l'attirail d'un serrurier dans quelque coin de son appartement, comment veut-on que Louis XVI, *gardé aux Tuileries comme dans une prison*, suivant les expressions de Gamain, eût pu forger une porte de fer, faire une serrure et une cassette en fer, sans attirer l'attention des espions qui l'entouraient? et qu'était-ce que la pose de cette porte, pour laquelle *il fallait prendre tant de précautions pour étouffer le bruit du marteau*, en comparaison des coups bien autrement bruyants qu'il avait fallu faire pour la forger? Aussi toute cette scène, l'entrée de Gamain dans l'atelier, son examen de la porte de fer déjà préparée, la conversation si niaise qu'il a avec le roi, tout cela est de pure invention et est démenti par la pétition qu'il adressa à la Convention, seule pièce que l'on puisse regarder comme émanant de lui. « Dans les premiers jours de mai 1792, y dit-il, il reçut l'ordre de se transporter à Paris. A peine y fut-il arrivé que Capet lui ordonna de pratiquer une armoire dans l'épaisseur d'un des murs de son appartement, et de la fermer d'une porte de fer, opération qui ne fut achevée que le 22 du même mois. » On le voit, c'est dans les premiers jours de mai qu'il reçoit l'ordre d'aller à Paris. Il s'y rend aussitôt, et le roi lui ordonne de faire l'armoire de fer. Il n'y a plus ici d'homme déguisé qui vient de la part du roi, de refus d'y aller, de porte et de serrure déjà faites ; non, tout est à faire, et Gamain met près de trois semaines pour achever son travail. Il est évident que ce n'est pas aux Tuileries qu'il forgea cette armoire, et que c'est à Versailles, dans ses ateliers, qu'elle fut terminée.

« J'avais travaillé sans relâche durant huit heures, « continue Gamain, la sueur me coulait du front à « larges gouttes ; j'étais impatient de me reposer, et « j'éprouvais une défaillance produite par la faim, « car je n'avais rien pris absolument depuis mon le- « ver. »

Je suis encore obligé d'interrompre la narration pour

faire remarquer qu'il avait si bien mangé, que dans sa pétition, il dit que l'élixir qu'il prit, quand il eut ses coliques, lui fit rendre *tout ce qu'il avait mangé et bu dans la journée.*

« Je m'assis une minute dans la chambre du roi, qui « me présenta lui-même un siége, en s'excusant de la « peine qu'il m'avait donnée ; il me pria de vouloir bien « compter *deux millions* en doubles louis, que nous di-« visâmes en quatre sacs de cuir. Tandis que par com-« plaisance je me prêtais à faire ces comptes, je vis Du-« rey transportant des liasses de papiers que je jugeai « destinées à être mises dans l'armoire secrète; en effet, « l'argent n'était qu'un prétexte pour détourner mon « attention. Je suis certain que les papiers seuls furent « cachés. »

Voilà encore un tableau qui n'est là que pour l'effet. Ainsi le roi a assez de confiance dans Gamain pour l'associer à un secret qui peut le perdre ; quand il arrive, il lui dit qu'il ne balançait pas à mettre dans ses mains le sort de sa personne et de sa famille, et lorsque le travail est terminé, que l'armoire est posée, il s'amuse à lui faire compter deux millions en pièces d'or pour détourner son attention de papiers que l'on porte dans cette armoire ! Comme si le roi n'avait pas pu renvoyer tout de suite Gamain, et se donner le temps de placer les papiers sans être vu, et comme si Gamain lui-même ne savait pas que ce n'était point de l'argent, mais des papiers secrets *qui pouvaient compromettre la personne du roi et sa famille*, puisqu'il venait de le lui dire. Poursuivons :

« Le roi me proposa de souper au Château avant de « partir, mais je refusai par un sentiment de fierté qui « s'indignait à l'idée de manger peut-être avec les va-

« lets; en outre, j'avais hâte de revoir ma femme et « mes enfants. Je n'acceptai pas davantage l'offre qu'on « me fit de me reconduire à Versailles ; je craignais la « livrée du roi et je me défiais de Durey. Pourquoi « m'avait-on dissimulé le véritable usage de l'armoire « de fer ? »

Pourquoi donc, dirai-je, toutes ces craintes? Pourquoi accuser de dissimulation le roi qui vient de *lui confier le sort de sa personne et de sa famille?* C'est qu'il faut préparer la scène qui va suivre :

« Lorsque j'allais me retirer, la reine entra tout à « coup *par la porte masquée qui se trouvait au pied du « lit du roi;* elle tenait à la main une assiette, chargée « d'une brioche et d'un verre de vin : elle s'avança « vers moi, qui la saluai avec étonnement, parce que « Louis XVI m'avait assuré que la reine ignorait la fa- « brication de l'armoire. « Mon cher Gamain, me dit- « elle avec la voix la plus caressante, vous avez chaud, « mon ami ! *Buvez ce verre de vin et mangez ce gâteau, « cela vous soutiendra du moins pour la route que vous « allez faire.* » Je la remerciai tout confus de cette « prévoyance pour un pauvre ouvrier comme moi, et « *je vidai le verre à sa santé;* elle me laissa remettre ma « cravate et mon habit, que j'avais quittés pour tra- « vailler plus commodément. La brioche restait dans « l'assiette que la reine avait déposée sur un meuble. « Je la glissai dans ma poche au moment où le roi ve- « nait prendre congé de moi et m'exprimer encore sa « reconnaissance. — Je rapporterai du moins cette « brioche à mes enfants, pensai-je en moi-même.

» Je sortis des Tuileries à la nuit close, il était environ « huit heures du soir. »

Ainsi, au moment où Gamain semble se méfier de

tout ce qui l'entoure, la reine apparaît tout à coup par un coup de théâtre. Séduit par sa voix caressante, il boit le verre de vin empoisonné, et emporte la brioche qu'elle lui présente traîtreusement. Je ne veux pas faire remarquer l'invraisemblance d'une pareille scène, je veux seulement signaler la différence du récit de la pétition et de celui-ci. Dans la pétition, Gamain est seul avec le roi, qui lui présente un verre de vin ; ici c'est la reine. Comment, sur un fait aussi capital, peut-il y avoir une telle différence? Comment Gamain peut-il accuser tantôt le roi et tantôt la reine? Il faut nécessairement que l'un des deux récits soit faux, s'ils ne le sont pas tous les deux.— Je ferai encore remarquer, — car dans un pareil récit il est bon de signaler tout ce qui peut conduire à la vérité, — que le 22 mai on est presque arrivé aux plus longs jours de l'année, et qu'à huit heures du soir la nuit est loin d'être close ; mais il était nécessaire qu'il fît nuit pour la scène mélodramatique qui va se passer.

Gamain, sorti des Tuileries, prend à pied la route de Versailles. Arrivé au milieu des Champs-Élysées, il éprouve de violentes coliques. Bientôt ces coliques augmentent ; d'affreuses douleurs déchirent ses entrailles ; il ne peut plus marcher ; il tombe, se roule dans la boue en poussant de grands gémissements. Une heure se passe ainsi sans secours ; il va succomber, lorsque tout à coup une voiture s'arrête devant lui. Un riche Anglais en descend et vient lui porter secours. Comme il y a des hasards heureux! Justement cet Anglais connaît Gamain, à qui il a quelques obligations, et qui lui a fait voir l'atelier de Louis XVI. On va chercher un élixir chez un apothicaire de la rue du Bac. Gamain vomit, revient à lui, et l'Anglais, le plaçant dans sa voiture, le ramène à Versailles, où il arrive semblable à un cadavre.

« Le médecin, M. Lamayran, et le chirurgien, M. Voi-« sin, furent appelés, continue Gamain; ils accoururent « presque aussitôt et constatèrent les signes non équi-« voques du poison. Je fus interrogé à ce sujet et refusai « de répondre. L'Anglais ne se sépara de moi qu'après « avoir obtenu l'assurance que je ne périrais pas, du « moins immédiatement. Cet homme bienfaisant revint « souvent me voir pendant ma convalescence. MM. La-« mayran et Voisin passèrent la nuit auprès de mon lit, « et les soins qu'ils me prodiguèrent, en me question-« nant sur l'origine probable de mon empoisonnement, « eurent un succès plus prompt qu'on ne pouvait l'at-« tendre. Au bout de trois jours de fièvre, de délire et « de douleurs inconcevables, je triomphai du poison, « mais non pas sans en subir les terribles conséquences; « *une paralysie presque complète*, qui n'a jamais été gué-« rie tout à fait, une névralgie de la tête, et enfin une « inflammation générale des organes digestifs, avec la-« quelle je suis condamné à vivre. Non-seulement j'avais « persisté à cacher ma visite aux Tuileries, dans la jour-« née du 22 mai, mais encore je priai l'Anglais de ne « pas ébruiter l'aventure de notre rencontre nocturne « aux Champs-Élysées, et je sommai le médecin et le « chirurgien de s'abstenir de toute parole indiscrète sur « la nature de mon mal. Je n'eus aucune nouvelle de « Louis XVI, et, en dépit du ressentiment qui couvait « dans mon âme contre les auteurs présumés de cette « odieuse trahison, je n'avouai pas encore à ma femme « que j'avais été empoisonné.

« Mais la vérité vit le jour malgré moi, malgré mon « silence : quelque temps après cette catastrophe, la « servante, nettoyant l'habit que je portais le jour de « mon accident, trouva dans la poche un mouchoir sil-

« lonné de taches noirâtres et une brioche aplatie et dé-
« formé, que plusieurs jours d'oubli avaient rendue
« aussi dure qu'une pierre ; la servante mordit une bou-
« chée dans ce gâteau, qu'elle jeta ensuite dans la cour.
« Le chien mangea cette pâtisserie et mourut ; la ser-
« vante, qui n'avait sucé qu'une petite parcelle de la
« brioche, tomba dangereusement malade. Le chien ou-
« vert par M. Voisin, la présence du poison ne fut pas
« douteuse, et une analyse chimique découvrit encore le
« poison dans le mouchoir qui avait conservé les traces de
« mes vomissements. La brioche seule contenait assez
« de *sublimé corrosif* pour tuer dix personnes. »

Enfin voilà le poison trouvé. La brioche en contenait assez pour tuer dix personnes ! La servante qui en a sucé une bouchée tombe dangereusement malade ! Le chien qui l'a mangé meurt, et le poison se retrouve encore dans le mouchoir qui a reçu les vomissements ! Mais alors, pourquoi, dans la pétition adressée à la Convention, se tenir dans le vague et ne pas indiquer des circonstances qui n'auraient laissé aucun doute dans les esprits ? C'est qu'il aurait fallu les faire constater dans le certificat des médecins, et que les médecins avaient bien voulu attester *l'état de mauvaise santé* de Gamain, mais ne se seraient pas prêtés à certifier un empoisonnement auquel ils ne croyaient pas.

Le poison trouvé dans la brioche et dans le reste des vomissements était, dit le récit, du sublimé corrosif (bichlorure de mercure). Qu'on me permette ici une observation scientifique. Lorsque l'on met, dans du vin rouge, une dose assez forte de sublimé corrosif pour produire l'empoisonnement, il se forme un précipité de couleur violacée, et le liquide acquiert une saveur âcre, métallique, très caractéristique, si désagréable qu'elle le fait immédiatement rejeter. Gamain a-t-il éprouvé rien de semblable? On lui présente un verre de vin : il l'avale tout entier, et il ne remarque aucun trouble dans ce vin, il ne se plaint pas de ce goût si caractéristique et si désagréable produit par la présence du poison. L'action du sublimé corrosif est presque instantanée : dans les expériences sur les animaux vivants, c'est quelques minutes après son ingestion que les symptômes se manifestent, et il en est de même chez les hommes qui s'empoisonnent par ce sel. Gamain ne s'aperçoit de rien au premier moment. Après avoir bu le vin, il se rhabille, sort tranquillement du palais, et ce n'est que *quelques heures après* qu'il commence à ressentir les effets du poison. »

« Enfin, j'avais une certitude, continue le récit, enfin « je connaissais l'empoisonnement, *sinon les empoison-* « *neurs;* j'étais impatient de me venger, et je craignais « de mourir avant. *Je demeurai perclus de tous mes mem-* « *bres pendant cinq mois.* Ce ne fut que le 19 novembre « que je me trouvai en état de revenir à Paris. Je me « transportai chez le ministre Roland, qui me reçut aus- « sitôt sur l'annonce d'un secret important à lui révéler. « Je lui appris l'existence de l'*armoire de fer*, et je n'ac- « ceptai pas les récompenses qu'il m'offrit au nom de « la Convention ; ma vengeance me suffisait. Le lende- « main, l'armoire fut découverte ; les papiers qu'elle « renfermait furent déposés sur le bureau de la Conven- « tion. L'année suivante, Louis XVI et Marie-Antoinette « montèrent sur l'échafaud. »

Gamain reste perclus de tous ses membres, comme il l'avait déjà dit dans sa pétition ; mais, au lieu de neuf mois, il ne l'est plus ici que pendant cinq mois. Pourquoi cette différence? C'est qu'en accusant neuf mois de paralysie dans sa pétition, Gamain avait oublié que c'était au mois de novembre 1792, six mois seulement après son empoisonnement, qu'il était allé dénoncer l'existence de l'armoire de fer; qu'à cette époque il fit plusieurs voyages à Paris, ce qu'il n'aurait pu faire s'il avait encore été perclus de ses membres; tandis que n'étant resté perclus que pendant cinq mois, on concevait bien que, six mois après l'empoisonnement, il ait pu aller trouver à Paris le ministre Roland. Mais Gamain oubliait, en faisant sa pétition et en racontant de nouveau sa fabuleuse histoire, que les registres du Conseil général de la commune de Versailles constatent que le 4 juin 1792, c'est-à-dire quelques jours après l'empoisonnement, ce même Gamain, si violemment malade et resté perclus de tous ses membres, assiste à la séance du Conseil, et prend part à ses discussions; qu'il assiste encore aux séances des 8, 17, 20 juillet et 22 août, et qu'enfin le 24 septembre il est chargé de la mission active de faire disparaître les signes de la royauté de tous les monuments publics de Versailles, mission que l'on n'aurait certes pas confiée à un homme paralysé.

Après toutes ces preuves de l'invraisemblance d'un empoisonnement, on pourrait encore se demander pourquoi Gamain, qui avait un si vif désir de vengeance contre les auteurs de l'attentat commis sur sa personne, n'en a parlé ni pendant le procès du roi, ni pendant celui de la reine, et ne l'a révélé que quand les royales victimes ne pouvaient plus en démontrer la fausseté? Et pourquoi, si Louis XVI voulait faire disparaître tous les dépositaires de son secret, il n'a pas empoisonné aussi Durey, ce garçon du château, l'aide de Gamain, qui joua un rôle si actif dans la confection de l'armoire de fer?

J'ai fait voir que la pétition adressée par Gamain à la Convention n'apportait aucune preuve de son empoisonnement par le roi ; c'est évidemment pour donner plus de probabilité à cette accusation d'empoisonnement qu'a été faite la nouvelle version. Je crois avoir démontré, en suivant le récit pas à pas, que cette version, beaucoup plus romanesque, n'a pas plus de fondement que la première. La conclusion à tirer de cette étude, c'est qu'à un acte de lâcheté et d'ingratitude, Gamain a ajouté un crime, et qu'après avoir trahi son roi et son bienfaiteur, il l'a, ainsi que la reine, odieusement calomnié.

JOURNÉES DES 5 ET 6 OCTOBRE 1789.

PL. 1

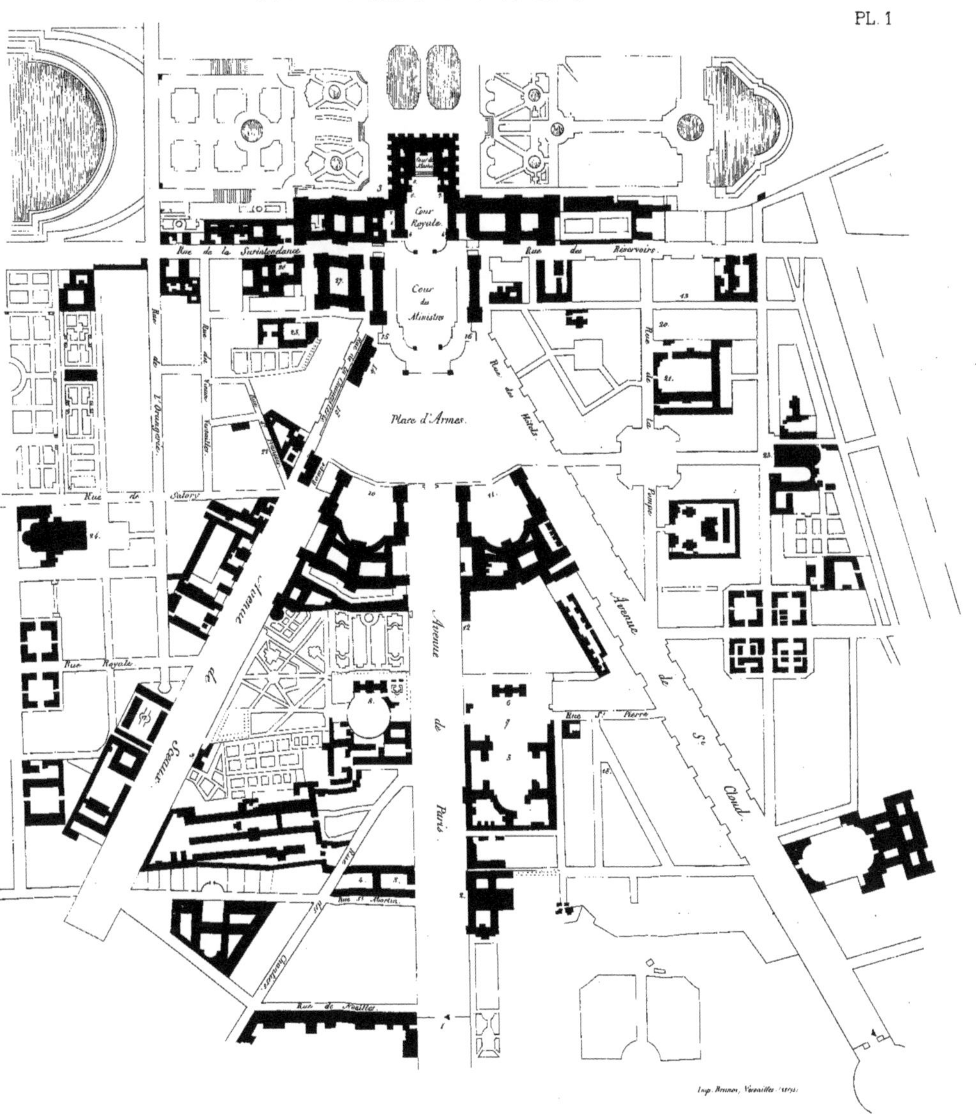

Imp. Bernard, Versailles

JOURNÉES DES 5 ET 6 OCTOBRE 1789.

PL. 2

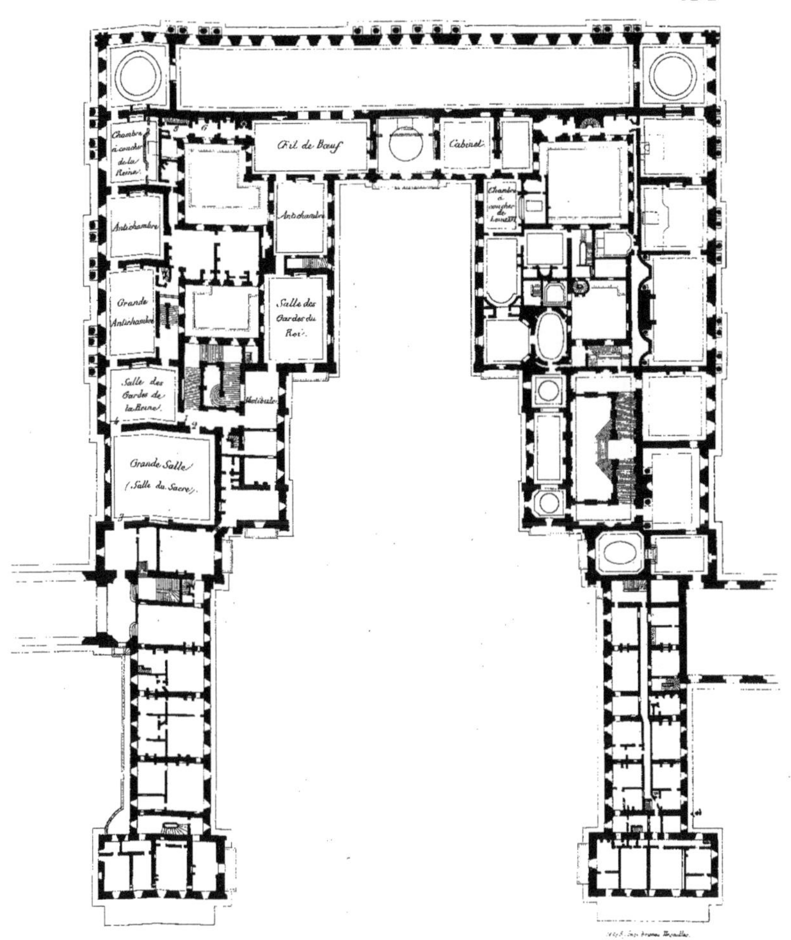

JOURNÉES DES 5 ET 6 OCTOBRE 1789.

PL. 3

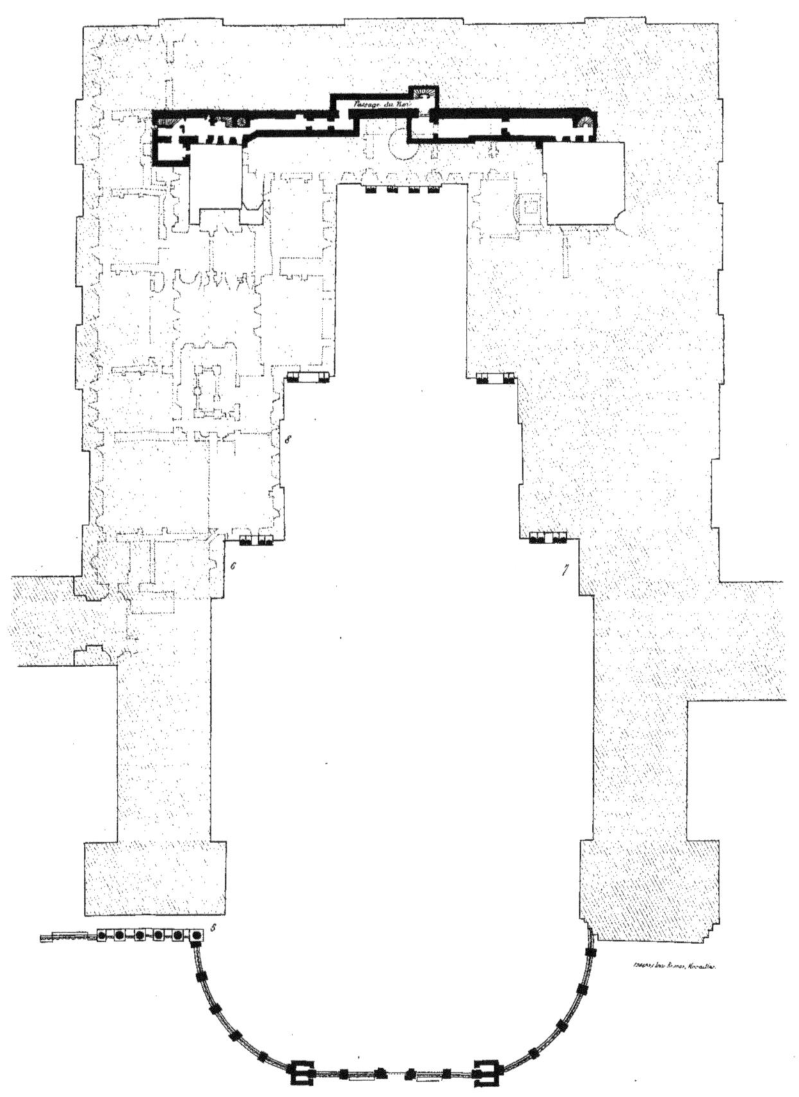

www.ingramcontent.com/pod-product-compliance
Ingram Content Group UK Ltd.
Pitfield, Milton Keynes, MK11 3LW, UK
UKHW022111190726
13855UKWH00002B/784

9 782013 037495